Erica Fischer

HIMMELSTRASSE
Geschichte meiner Familie

Rowohlt · Berlin

Die Arbeit am vorliegenden Text wurde gefördert durch ein Aufenthaltsstipendium der Stiftung für deutsch-polnische Zusammenarbeit in der Villa Decius in Krakau sowie durch ein Projektstipendium der Kunstsektion des österreichischen Bundeskanzleramtes.

1. Auflage September 2007
Copyright © 2007 by Rowohlt · Berlin Verlag GmbH, Berlin / /
Alle Rechte vorbehalten / / Gesetzt aus der Dante PostScript,
InDesign, bei Pinkuin Satz und Datentechnik, Berlin / / Druck
und Bindung Clausen und Bosse, Leck / / Printed in Germany
ISBN 978 3 87134 584 5

FÜR LIESL

DER SCHMERZ sticht zu wie ein Messer, ein Korsett umklammert Nacken und rechte Schulter. Ich kann den Kopf nicht mehr drehen, Zurückschauen ist aussichtslos. Sogar das Atmen tut weh.

Zu spät. Das Telefon schrillt in Pauls Wohnung sechshundert Kilometer entfernt, fünfmal, zehnmal, zwanzigmal. Die Wohnung ist klein, bis zum zweiten Klingelton ist der Flur von jeder Stelle aus zu erreichen. Dort steht das Telefon, auf einem niedrigen Schränkchen gleich neben der Eingangstür. Man kann sich, wenn man spricht, im Spiegel sehen. Drei Schritte nach rechts das Bad mit dem Klo. Daneben die Kammer für den Staubsauger und die Urlaubskoffer.

Die Wohnung muss leer sein, ich kann es förmlich hören, der Klang der Klingel hohl. Dieses widerwärtige schwarze Telefon mit dem Schmutz unter der Wählscheibe, der Hörer schwer und unhandlich. Wie oft habe ich ihnen gesagt, sie sollen bei der Post ein neues Gerät bestellen, es kostet nichts. Ein Tastentelefon, mit dem man telefonieren kann, ohne sich den Finger zu verstauchen, neu, leicht und sauber. Doch alles Neue macht ihnen Angst.

Oder: Mein Bruder liegt auf dem Bett, röchelnd,

hebt nicht ab, auch wenn er noch könnte. So ist es schon einmal gewesen, vor zwanzig Jahren.

«Um Gottes willen, Paul röchelt!» Die Stimme der Mutter am Telefon klang hysterisch. Sie hatte über Nacht wegbleiben wollen und war überraschend zurückgekommen. Er lag auf dem schmalen Jugendbett im Kabinett, über ihm die Regale seiner Bibliothek. Die Dichter und Denker schauten teilnahmslos hinunter.

«Mach kein Theater», schnauzte ich die Mutter am Telefon an. Wenn sie Gefühle zeigte, wurde ich zu Eis. Dass sie es damals alleine schaffte, die Rettung zu rufen, wundert mich heute noch. Wohin er gebracht wurde, sagte sie mir nicht. Das hatte ich davon.

Ich wohnte damals in Wien nicht weit von ihr entfernt und fand es selbst heraus. Im Spital klang Pauls Atem wie durch einen Lautsprecher verstärkt, Plastikschläuche überall, der Magen bereits ausgepumpt. Er warf den Kopf hin und her, und wenn sich seine Augen einen Schlitz weit öffneten, sah man nur das Weiße.

Es ist tief in der Nacht und plötzlich lautloser als sonst. Meine Wohnung liegt in Berlin an einer Kopfsteinstraße. Wenn ein Auto vorüberfährt, höre ich es rumpeln. Doch jetzt ist die Welt rundherum erstarrt. Meine Stimme am Telefon klingt fremd, wie eine automatische Ansage. Die Cousine. Merkwürdig, denke ich, dass ich in Wien tatsächlich eine Cousine habe.

«Warten wir bis morgen», bittet sie. Sie sei erkältet, und draußen türme sich der Schnee. Aber warten kann ich nicht.

«Ich melde mich wieder», sagt sie nach einer Pause.

Das Kreischen des Telefons durchschneidet die Stille. «Ja?» Das Wort bleibt tonlos. Die Feuerwehr sei über die Balkontür eingestiegen, berichtet die Cousine, sogar krank und um drei Uhr früh noch effizient. «Wir werden ein neues Glas in die Balkontür einsetzen lassen müssen.» Sie denkt immer an alles.

Die Wohnung sei leer, sagt sie, mustergültig aufgeräumt. Auf dem Couchtisch ein Schlüsselbund, der Schlüssel passe in die Wohnungstür. Daneben drei beschriftete Kuverts. Sie habe nichts angerührt. Sie klingt erleichtert, eine aufgeräumte Wohnung ist ein Zeichen von Normalität. Sicher ist sie froh, keine Blutlache vorgefunden zu haben, keinen am Fensterkreuz hängenden Paul, ja nicht einmal einen röchelnden Paul. Eine aufgeräumte Wohnung beruhigt.

Ich rufe eine andere Cousine an, in Sydney. Vorher überlege ich, welche Tageszeit dort ist. Auf keinen Fall will ich sie wegen einer Frage wecken, deren Antwort ich schon kenne. Meine englische Stimme klingt noch fremder. Noch nie habe ich mit Australien telefoniert. Wenn man in Wien aufgewachsen ist, telefoniert man nicht mit dem Ausland.

«Nein, Paul ist nicht hier», meldet die australische Cousine, als ob meine Frage sie nicht überrascht.

«Macht nichts», sage ich, «war nur so ein Gedanke.»

Ein neues Leben in Australien beginnen, Pauls Traum. Oder in New York. Die Emigranten von damals hätten es auch geschafft, sagte er. Sie kamen mit nichts und haben sich ein neues Leben aufgebaut.

«Damals gab es Hilfsorganisationen, *du* bist kein Flüchtling. Die Schoah ist vorüber, und das Leben in den Vereinigten Staaten ist hart. Wenn du es schon hier nicht schaffst, wie erst dort?»

Das war gemein, das hätte ich nicht sagen sollen.

«Überleg dir, was du sagst! Du weißt nicht, mit wem du es zu tun hast!», blaffte er.

Ich verstand. Immer diese Drohung, seit Jahrzehnten schon.

Als die australische Cousine und ihr Mann ein Jahr zuvor in Wien gewesen waren, hatte ich mit Paul das Nachtmahl eingekauft. «Meinl am Graben», das vornehmste Geschäft der Stadt. Er suchte die teuersten Sachen aus, Käse, Schinken, Lachs, Wein. Ich wollte ihn mäßigen. Die Familie hat immer sparsam gelebt, große Sprünge konnten sich unsere Eltern nicht erlauben. Nach dem Tod des Vaters schaffte es die Mutter, mit der kleinen Witwenpension so zu haushalten, dass immer noch Geld für den Urlaub blieb. Der Urlaub musste sein, seit den Fünfzigern fuhr die Familie jedes Jahr für ein paar Wochen nach Italien, Jugoslawien, Griechenland: der Höhepunkt des Jahres, dafür musste man sich im Alltag einschränken. Und jetzt «Meinl am Graben». Paul war wie im Rausch. Aufgeregt packte er immer mehr Köstlichkeiten in den Einkaufswagen.

«Es ist ja nur dieses eine Mal», sagte er.

Er sagte nicht «das letzte Mal», das nicht. Aber es klang so.

Wie oft schon habe ich den Schlafwagen von Berlin nach Wien genommen. Eine wohlige Lebenspause zwischen gebügelten Betttüchern. Solange der Zug unter mir dahingleitet, bin ich sicher. Ich reise innerhalb der Europäischen Union, ich muss keine barschen Zollkontrollen befürchten, keine schweren Schritte auf dem Gang, niemand reißt mitten in der Nacht die Abteiltür auf, sodass sich mein Herzschlag beschleunigt, obwohl mein Pass nicht abgelaufen ist, ich kein illegaler Flüchtling bin und auch keine Schmuggelware mit mir führe.

Am 24. Oktober 1938, mehr als ein halbes Jahr nach dem sogenannten Anschluss, durchquerte meine Mutter ganz Deutschland, das Visum für Großbritannien in ihren Pass mit dem «J» gestempelt, in panischer Angst, doch noch in letzter Minute aus dem Zug gezerrt zu werden. Sie trug ihr zweireihiges Maßkostüm mit dem breiten Revers und schräg auf dem Kopf ein Hütchen mit schmaler Krempe, eine elegante, zierliche Erscheinung. Sie wollte einen guten Eindruck machen bei ihrer Ankunft in London. Die Brosche mit der roten Koralle, die an ihrem Hals die Bluse zusammenhielt, war von ihr selbst angefertigt. Ihr Studium an der Akademie für Angewandte Künste hatte sie nach dem Einmarsch Hitlers nicht abschließen können, sie durfte die Schule nicht mehr betreten. Ihre Abschlussarbeit wäre eine getriebene Teekanne aus Silber gewesen.

Die letzte Kontrolle an der deutsch-belgischen Grenze, Totenstille im Coupé, meine Mutter war nicht die Einzige, die den Atem anhielt. Und dann der

Schmelz der französischen Sprache. Die Reisenden springen auf, schreien, lachen, umarmen und küssen einander, umarmen und küssen die belgischen Putzfrauen, die sich durch die Abteile arbeiten.

In den zurückliegenden Tagen war alles rasend schnell gegangen. Ursprünglich hatte meine Mutter Österreich schon im Sommer verlassen wollen, gemeinsam mit meinem Vater hatte sie geplant, nach Warschau zu reisen, nach Hause, zu ihren Eltern und Geschwistern, und von dort weiter, irgendwohin, vielleicht nach Australien, man brauchte nur zweihundert Pfund *landing money*. In Wien war das Geld nicht aufzutreiben, aber in Warschau hätte ihr Vater es ihnen gegeben, mein wohlhabender polnischer Großvater. Doch nur mein Vater bekam ein Visum, um dorthin zu reisen. Meine Mutter, die gebürtige Polin, aber eben auch Jüdin, wies das polnische Konsulat ab, obwohl mein Großvater sich in aller Form verpflichtet hatte, sämtliche Kosten des Aufenthalts von Tochter und Schwiegersohn zu übernehmen. Also planten sie, von Wien aus über die Berge in die Schweiz zu flüchten. Doch die Vorbereitungen des Fluchthelfers flogen auf.

Es war abzusehen, dass Hitler einen Krieg vom Zaun brechen würde. Meine Mutter hatte Angst um ihren «Jungen». «Was machen wir bloß mit dir? Du wirst der Erste sein, den sie als Kanonenfutter an die Front schicken.» Ihr «Junge», das war mein Vater. Ein Sozialist, der wegen illegaler politischer Betätigung bereits eine Gefängnisstrafe abgesessen hatte.

Sie legten alles Geld zusammen, und mein Vater

fuhr nach Jugoslawien. Dort hatte er in der Zeit seiner Arbeitslosigkeit etwas Geld als Reiseleiter verdient und kannte sich aus. Er sollte nicht mehr nach Wien zurückkehren und seiner Frau so bald wie möglich ins sichere Ausland nachreisen, so war es geplant. Derweil klapperte meine Mutter in Wien die Konsulate ab. Im amerikanischen Generalkonsulat (Wien, Deutschland) teilte man ihr mit, dass sie sich für die Aufnahme in die deutsche Warteliste einige Wochen gedulden müsse.

Nach Vorlage ihres polizeilichen Führungszeugnisses, in dem bescheinigt wurde, dass gegen sie nichts Nachteiliges vermerkt sei, erhielt meine Mutter über eine Agentur dann aber eine Stelle in England, als Zimmermädchen bei einer alten Dame. Interessanterweise blieb ihre Polizeihaft unerwähnt, wahrscheinlich war man froh, sie loszuwerden. Von zwei Uhr früh bis zwei Uhr nachmittags stand sie in der Schlange vor dem britischen Konsulat in der Wallnerstraße, flankiert von brüllenden und prügelnden SS-Leuten, keiner durfte sich rühren. Lobeshymnen auf einen Gott murmelnd, an den sie nicht glaubte, kehrte sie schließlich in ihre Wohnung im 15. Bezirk zurück und überschlug im Kopf, was noch zu tun war. Die steuerliche Unbedenklichkeitsbescheinigung von der Zentralstelle für jüdische Auswanderung hatte sie in der Tasche. Das amtsärztliche Zeugnis auch. Gesund sei sie, wird dort bestätigt, sie sehe und höre gut und zeige keine Symptome von Lues, Tuberkulose, Malaria, Lepra, Trachom oder einer sonstigen ansteckenden Krankheit. Auch Anzeichen von Geistesstörungen oder Geistesschwäche seien keine vorhanden. Frei von Rauschgiftsucht, chronischem Alkoholismus und Epilepsie, spreche nichts gegen eine Arbeitsaufnahme der Genannten in England.

Da klingelte es an der Tür. In diesen Tagen zuckte man immer zusammen, wenn jemand sich der Wohnung näherte. Wieder rief sie Gott an. O Gott, jetzt, wo ich alles geschafft habe, holen sie mich ab! Doch draußen stand nicht die Gestapo, sondern mein Vater. Sie starrte ihn an, als sei er ein Gespenst. Er hatte es in Jugoslawien nicht ausgehalten: In Belgrad wimmele es von Spionen, und die Polizei habe begonnen, sich für ihn zu interessieren.

«Aber ich muss in drei Tagen abreisen!», rief meine Mutter und befahl mit der ihr eigenen Bestimmtheit: «Du gehst morgen deinen Pass holen» – mein Vater hatte ihn bei der Einreise nach Österreich abgeben müssen – «und wenn du ihn bekommst, reise ich ab. Wenn nicht, bleibe ich.»

«Warum wollen Sie auswandern?», fragte der Polizeibeamte, ein älterer Mann, am nächsten Tag meinen Vater.

«Ich habe eine jüdische Frau.»

«Ach, das ist bedauerlich», seufzte der Polizist und händigte ihm den Pass aus.

Die erste Hürde war genommen. Nun ebenfalls ein Visum für England zu bekommen war weitaus schwieriger, schließlich bestand keine Dringlichkeit, mein Vater war kein Jude. Meine Mutter wandte sich an die Quäker, die ihr rieten, die Sache von London

aus zu betreiben. Sie gaben ihr eine Adresse mit auf
die Reise.

Am 24. Oktober brach sie auf, zwei Wochen später war die sogenannte Reichskristallnacht, und als es
dann an der Wohnungstür klopfte, war es wirklich die
Gestapo. Meine Mutter war gerade rechtzeitig davongekommen.

Seit dem Einmarsch Hitlers hatte meine Mutter mehr
Angst um ihren zwar arischen, aber politisch belaste-
ten Mann gehabt als um sich selbst. Er war in der au-
strofaschistischen Zeit beim Republikanischen Schutz-
bund der Sozialisten aktiv gewesen, auch als der schon
verboten war. Gemeinsam hatten sie an einer illegalen Gewerkschaftszeitung gearbeitet. Eine glückliche
Zeit, er schrieb Artikel, sie zeichnete die Titelblätter.
Im Keller eines Wirtshauses, ganz in der Nähe ihrer
Wohnung, stand die Abziehmaschine.

Davor hatte meine Mutter in einer Zelle in Ottakring mitgemacht. Samstagnachts gingen die jungen
Leute, Studenten und Arbeitslose, in den Wienerwald
und streuten Flugzettel auf die Wege, auf denen die
Ausflügler am Sonntag wandern würden. Einmal, es
musste schnell gehen, hissten sie am Nepomuk-Ber-
ger-Platz die rote Fahne. Ein andermal schleppte sie in
ihrem feinen Warschauer Kostüm einen Koffer voller
Aufrufe zu einer bestimmten Adresse. Ein Stück des
Weges half ihr ein galanter Polizist beim Tragen. Riskante Aktivitäten für eine Ausländerin.

Meine Mutter brachte es bis zur Instrukteurin einer Zelle, wo ihr ein intelligenter, politisch beschlagener junger Mann unangenehm auffiel, der sich, wie später herauskam, tatsächlich als Spitzel eingeschleust hatte.

Den 12. Februar 1934, den Tag, an dem sich die österreichischen Arbeiter zum letzten Mal gegen die Faschisten aufbäumten, verbrachten meine Eltern an verschiedenen Punkten der Stadt. Während mein Vater in Fünfhaus in der elterlichen Wohnung auf die Ausgabe von Waffen wartete, befand sich meine Mutter in ihrem Zimmer in Ottakring, voller Angst um ihn. Die Straßenbahner streikten, und so lief sie los, lief den ganzen Tag durch die Stadt, um ihn zu suchen. Rundherum wurde geschossen.

«Wollen Sie da rüber?», fragten sie die bewaffneten Arbeiter beim Ottakringer Arbeiterheim.

«Ja.»

«Dann rennen Sie!»

In Fünfhaus angelangt, traf sie auf den Vater meines Vaters, der nicht wusste, wo der Sohn sich aufhielt. Er konnte ihr nur sagen, dass die Waffen nicht gekommen waren, ein schwerer Schlag für die Sozialisten, die ihren Bezirk kampflos aufgeben mussten. Meine Mutter aber war froh, dass ihr «Junge» nicht hatte kämpfen müssen.

Schon am nächsten Tag begann die Schutzbündlerhilfe. Für einige Zeit kam jeden Abend ein anderer, dessen Namen meine Mutter nicht kannte, um die Nacht in ihrem Zimmer zu verbringen, und verließ um sechs Uhr früh das Haus. Es waren polizeilich gesuchte

Leute, die in die Tschechoslowakei geschleust werden sollten.

Dann wurde meine Mutter zum Karl-Marx-Hof kommandiert, einem als sozialistische Trutzburg errichteten Gemeindebaukomplex, um für die Rote Hilfe zu sammeln. Sie klopfte an jede Tür und erbat Geld für gefährdete Genossen, sah zerschossene Wohnungen, schwerverletzte Menschen und verzweifelte Frauen, die um ihre toten Männer trauerten. Noch war es nicht ratsam, sich auf die Straße zu wagen, und so blieb sie zwei Tage dort. Der Karl-Marx-Hof wirkte im grauen Februarlicht ebenso trostlos wie seine erschöpften Bewohner nach ihrer Niederlage. Überall wimmelte es von Soldaten und Heimwehr-Milizen. Doch niemand verdächtigte die junge Ausländerin mit dem adretten Persianerfellmützchen, eine Kommunistin zu sein.

Von da an war jede politische Betätigung verboten, doch meine Eltern machten weiter. Im November 1935, mein Vater übernachtete bei meiner Mutter, holte man die beiden frühmorgens aus dem Bett und nahm sie in Polizeihaft. Meine Mutter wurde als Ausländerin besser behandelt als die Österreicher. Eine befreundete Genossin ohrfeigten sie, zogen sie an den Haaren und beschimpften sie als Hure. Der Polizist, der das Protokoll von Mutters Aussagen aufnahm, schnaubte nur.

«Noch nie hat jemand so unverschämt gelogen!»

«Es ist mein gutes Recht zu lügen.»

Meine Mutter stritt alles ab. Es nützte ihr aber nichts, denn später wurde sie in einem weißen Raum

Genossen aus ihrer Zelle gegenübergestellt, darunter der junge Spitzel.

«Ja, das ist die polnische Studentin», sagte er, und dasselbe sagten einige andere aus, die sie ebenso gefahrlos nicht erkennen hätten können.

«Ihr Bräutigam ist seine Anstellung los», drohte der Verhörleiter. Meine Mutter zuckte mit den Schultern.

Man ersparte sich ein Gerichtsverfahren und schob die polnische Staatsangehörige nach dreimonatiger Polizeihaft in ihre sogenannte Heimat ab, vor deren antisemitisch geprägter Enge sie fünf Jahre zuvor geflohen war. Erst einmal kam sie für ein paar Tage in Schubhaft, zusammen mit abzuschiebenden Kriminellen aus allen möglichen Ländern.

«Was bist du?», fragten die sie.

«Politisch.»

«Bist deppert?»

So reagierten alle.

Es wurde meiner Mutter freigestellt, mit dem Schub nach Polen gebracht zu werden oder auf eigene Kosten alleine zu reisen, in Begleitung eines Polizisten, dessen Fahrkarte sie bezahlen müsste. Sie beschloss, das Geld ihres Vaters für die Luxusvariante auszugeben. Sobald sie es sich im Abteil bequem gemacht hatten, zog der Polizist den «Völkischen Beobachter» aus der Tasche, eine Zeitung, die damals in Österreich noch verboten war. Eine Station vor der tschechoslowakischen Grenze blickte er von seiner Lektüre auf.

«Wollen Sie aussteigen?»

«Wie meinen Sie das?»

«Na, Sie können aussteigen, wenn Sie wollen. Es interessiert mich nicht. Sie können mit dem nächsten Zug zurückfahren.»

«Sehr nett von Ihnen, aber ich möchte nach Hause zu meinen Eltern. Ich habe vorläufig genug von Österreich.»

Das war die 1936 vorherrschende Einstellung in der von Nazis durchsetzten Polizei. Dem österreichischen Staat fühlten sie sich nicht mehr verpflichtet. Wer immer ihm schaden konnte, den unterstützten sie, selbst wenn es eine jüdische Kommunistin war.

Ihre gemeinsame Verhaftung und die bevorstehende Abschiebung hatten in diesem März einen höchst unromantischen Heiratsantrag zur Folge. Am Tag der Haftentlassung meiner Mutter wurde ihr im Morgengrauen in Anwesenheit einer Polizistin eine kurze Unterredung mit meinem Vater gestattet, der im Wiener Landesgericht seine Haftstrafe absaß, verurteilt wegen Geheimbündelei und Hochverrat. Sie wussten beide, dass sie nur als Eheleute zusammenbleiben konnten. Durch die Hochzeit würde meine Mutter österreichische Staatsbürgerin werden und könnte nach Wien zurückkehren. Bisher hatten sie nie ans Heiraten gedacht. Sie waren Freidenker und gaben nichts auf die Ehe.

Wer weiß, ob sie unter anderen Umständen zusammengeblieben wären. Mein Vater war ein äußerst gutaussehender Mann mit dichten braunen Haaren, einer Haut, die sich nach kurzer Sonneneinwirkung rostrot färbte, und Augen, die den Himmel aufscheinen ließen. Natürlich zog er die Blicke der Frauen auf sich. Ihn hatte gewiss das Fremde an der kleinen Frau mit dem harten Akzent angezogen, die er im Milchzug auf dem Weg nach Wien traf. Beide hatten sich wegen des billigen Fahrpreises für diesen Zug entschieden. Der Milchzug sammelte unterwegs die Milchkannen ein, es blieb also genügend Zeit, sich kennenzulernen.

Meine Mutter war auf der Rückreise aus Ötz in Tirol, wo sie vergeblich auf ihren deutschen Freund gewartet hatte. Mit dem Ziel, den Tourismus der Deutschen nach Österreich und damit die österreichische Wirtschaft und die Regierung Dollfuß zu schwächen, hatte die deutsche Reichsregierung im Frühjahr 1933 die sogenannte Tausend-Mark-Sperre verhängt. Deutsche Staatsbürger mussten vor Antritt einer Reise nach Österreich eine Gebühr von eintausend Reichsmark entrichten. Der Freund meiner Mutter hatte diese Summe nicht aufbringen können. Und ihr Plan, den Liebsten in Liechtenstein zu treffen, scheiterte daran, dass der polnische Pass ihr nicht erlaubte, in andere Länder zu reisen. Also malte meine Mutter Aquarelle von Tiroler Bauernhäusern und unternahm ausgedehnte Bergwanderungen, allein und in Herrenbegleitung. Nach vier Wochen in Ötz in Tirol gab sie auf. Da kam ihr der charmante Wiener im Zug gerade recht.

Mein Vater stammte aus einfachen Verhältnissen, wie man so sagt. Er muss fasziniert gewesen sein von der Eleganz der Hüte und Lederhandschuhe meiner Mutter, von ihrem heftigen Temperament und ihrer Furchtlosigkeit. Bis zu seiner Verhaftung war er kaufmännischer Beamter bei den Wiener Verkehrsbetrieben und arbeitete in der Freizeit in einer Arbeiterbücherei. Er eröffnete der polnischen Kunststudentin eine neue, politische Welt, in die sie sich sogleich hineinstürzte. Schon seit ihrem zwölften Lebensjahr hatte sie sich für den Sozialismus begeistert. Ihr Onkel, ein engagierter Rechtsanwalt, Freidenker, Esperantist und aktives Mitglied der *Polska Partia Socjalistyczna*, hatte sie des Öfteren zu Veranstaltungen mitgenommen. Auch er hatte in seiner Freizeit in einer Arbeiterbibliothek ausgeholfen, und meine Mutter machte gerne mit. Diese Parallele ließ sie gewiss noch schneller in Liebe zu dem feschen Mann entbrennen, der mein Vater werden sollte.

Im März 1936 dann, kurz vor ihrer Abschiebung, durfte meine Mutter auch den Vater meines Vaters treffen, meinen österreichischen Großvater. Sie teilte ihm mit, dass sie und sein Sohn bald heiraten würden.

«Aber in Deutschland draußen ist das doch verboten», stammelte der bestürzt.

«Wir sind aber nicht in Deutschland!», entgegnete meine Mutter trotzig. Diese Bemerkung verzieh sie ihm bis zu seinem Tod und darüber hinaus nicht.

Im Juli erließ Bundeskanzler Schuschnigg (Engelbert Dollfuß war zwei Jahre zuvor bei einem gescheiterten Putschversuch der Nazis ermordet worden) auf Druck Hitlers eine Amnestie für die einsitzenden Nazis, von der auch die Roten profitierten. Mein Vater kam vorzeitig frei. Sein Vater holte ihn vom Gefängnis ab und spazierte mit ihm über die Himmelstraße hinauf zum Cobenzl. Immer, wenn es in der Familie etwas Wichtiges zu besprechen galt, unternahm man einen Spaziergang in den Wienerwald.

«Was willst du jetzt tun?», fragte mein Großvater.

«Ich fahre nach Warschau und heirate.»

«Um Gottes willen! Die Juden haben schon einmal Unglück über unsere Familie gebracht.»

Was er damit meinte, lässt sich nicht mehr herausfinden. Es ist nicht bekannt, dass er oder irgendjemand in seiner Familie jemals mit Juden zu tun hatte. Mein Vater zog es vor, diese Bemerkung meiner Mutter gegenüber zu verschweigen. Nur seinem Bruder erzählte er davon, und der gab es an seine Tochter weiter. Meiner Cousine habe ich es zu verdanken, dass sich viele Lücken in meiner Familiengeschichte schließen.

Im Warschauer Pfarramt «Mutter Gottes» der national-orthodoxen Kirche Polens unterzeichneten meine Eltern im August ihren *akt ślubu*, die Heiratsurkunde. Trauzeugen waren der sozialistische Onkel meiner Mutter und eine extravagant gekleidete Rechtsanwaltsanwärterin mit tief in die Stirn gekämmter Haarlocke, die beste Freundin von Mutters Schwester. Zuvor musste die Braut der national-orthodoxen Kirche beitreten, eine rein standesamtliche Trauung gab es im damaligen Polen nicht. Der Pfarrer streckte meinem Vater beide Hände entgegen.

«Hier Geld», sagte er und zeigte mit dem Kopf auf seine linke Hand. Die Frau durfte mein Vater aus seiner Rechten in Empfang nehmen. Vielleicht war es aber auch umgekehrt.

Anfang September 1936 wurde meiner Mutter im österreichischen Konsulat in Warschau ihr österreichischer Pass ausgehändigt.

DER ZUG wiegt mich in seinem eintönigen Rhythmus, aber ich bin hellwach. Das Furchtbare ist eingetreten. Das Damoklesschwert ist heruntergefallen. Das hast du davon, das hast du davon, quäle ich mich, böse Schwester, böse Schwester. Die Reise von Berlin nach Wien hätte ich vor einem Monat antreten sollen, als die Mutter im Sterben lag, doch Paul hat mir nie Genaueres über ihren Zustand mitgeteilt. Allerdings habe ich auch nicht danach gefragt und es vorgezogen, die Zeit zwischen den Jahren bei Freunden in Italien zu verbringen. Das hast du davon, böse Tochter, böse Tochter. Der Nacken schmerzt, ich kann nur flach auf dem Rücken liegen. Ich glaube zu wissen, was passiert ist. Ich hatte Paul geschrieben, dass ich mich am 10. Februar auf den Weg nach Wien machen würde, weil ich dort zu einer Veranstaltung eingeladen war. Er musste es vor meiner Ankunft erledigen.

Wegen dieses Termins war ich auch nach Mutters Tod Anfang Jänner nicht nach Wien gefahren, zweimal dieselbe Reise: eine Zeit- und Geldverschwendung, dachte ich. Ein Begräbnis würde es nicht geben, sie hatte ihren Leichnam dem Anatomischen Institut der Universität Wien zur Verfügung gestellt. Der Hintergrund dieses «großherzigen Beschlusses», wie der Vorstand der Anatomischen Lehrkanzel in einem Formbrief schrieb, ist mir schleierhaft, ich habe bei ihr nie eine besondere Nähe zur Wissenschaft bemerkt. Bestimmt wollte sie ihrem Sohn die Kosten ersparen, vielleicht sehnte sie sich aber auch unbewusst danach, als Leiche ebenso verstümmelt zu werden wie ihre Eltern, denen man die Goldzähne aus dem Mund gebrochen hat.

«Wenn du ein Begräbnis willst, musst du dich selbst drum kümmern, wir haben uns nie etwas aus Begräbnissen gemacht», sagte Paul schroff am Telefon. Wir: Mutter und Sohn.

Ein Begräbnis hätte Mutters Letztem Willen widersprochen, ich hatte aber auch einfach keine Lust, mich darum zu kümmern. Die Gemeinde Wien würde alles ohne mich erledigen, und das war mir recht. Nach vollzogener medizinisch-wissenschaftlicher Verwertung würde man ihren Körper in einem Ehrengrab auf dem Wiener Zentralfriedhof beisetzen, kostenlos. In einem Massengrab, sagte mein Bruder.

Am Telefon beruhigte mich die Cousine, was Pauls Zustand betraf; ich wollte ihr glauben und ließ mir Zeit. Aber ich hätte mich um ihn kümmern müssen.

Doch wo hätte ich in den verbleibenden Wochen bis zu meinem Termin wohnen sollen? Schlafen im Bett meiner Mutter, in der stickigen Luft der Erinnerung? Seit Jahrzehnten hatten sie nichts Neues angeschafft, Mutter und Sohn. Ich sah die Brandspuren auf dem Bastuntersetzer vor mir, das klebrige Telefon, den abgewetzten Leinenbezug des Fauteuils von Ikea, die verblassten Vorhänge aus den fünfziger Jahren, damals das Nonplusultra, farbenfroh wie sonst nirgends im trüben Nachkriegswien, gekauft in einem vornehmen Geschäft in der Innenstadt. Meine Mutter hatte einen Sinn für das Fröhliche, den Mut zu leuchtenden Farben, das immerhin hatte sie von ihrem Kunststudium herübergerettet, nach England und wieder zurück. Keine spießigen Stores wie an so vielen Fenstern, die das Tageslicht dämpften. Unsere Vorhänge wurden morgens aufgezogen und blieben offen bis zum Abend. Später kümmerte sich Paul darum, dass sie bei Einbruch der Dunkelheit zugezogen wurden. Er wollte nicht gesehen werden. Hinter den Vorhängen, blau im Wohnzimmer, rot in Mutters Zimmer, das vor langer Zeit einmal meines gewesen war, gelb-grau gemustert in seiner Klause, musste Paul sich nicht mehr schämen.

Irgendwann verbreiteten diese bunten Vorhänge ein Gefühl von Stillstand, um nicht zu sagen: Verwesung. Ob sie in all den Jahren jemals gewaschen wurden?

Seltsam, dass mir jetzt Pauls Hände einfallen. Sie waren weder klein noch groß, das Nagelbett von Daumen, Mittel- und Zeigefinger stets abgenagt, er pellte die Haut vom obersten Fingerglied wie die Schale einer Orange. Auf seinen Handrücken dicke Adern wie beim Vater. Was, wenn ein scharfer Gegenstand eine solche Ader träfe, würde er sie durchstechen wie ein Nagel den Schlauch meines Fahrrads? Das herausspritzende Blut hätte Paul vielleicht Erleichterung verschafft. Zur Ader gelassen. Doch Blut war ihm zuwider. Einmal hatte ich auf der Klobrille einen Tropfen hinterlassen. Paul blieb lange im Badezimmer, hängte

25

vermutlich vor lauter Ekel den Kopf aus dem Fenster. Als er herauskam, hüstelte er, wie immer, wenn ihm etwas unangenehm war. In der Literatur, in der er sich auskannte, kommt Menstruationsblut nicht vor. Das Blut der Literatur färbt das Taschentuch eines Tuberkulosekranken rot oder strömt aus der Wunde eines Soldaten oder Mordopfers.

Sein Leben lang trug Paul auf dem Kinn die Zickzacknarbe, die er sich als kleiner Junge zugezogen hatte, als er mit seinem Kopf die Windschutzscheibe des Renault 4 CV durchstieß. Die Straße war vereist, der Onkel hatte die Kontrolle über das Lenkrad verloren, der Wagen war gegen die Leitplanke geschleudert. Paul, der Bub, saß vorn. Die Scheibe zersplitterte, Paul sprang aus dem Auto und lief davon, die Straße hinauf. Der Onkel und ich mussten ihm nachlaufen und ihn festhalten. Schreckensbleich erwartete er seine Strafe, er hatte das schöne Auto kaputt gemacht, des Onkels ganzer Stolz. Ein Stück Fleisch hing ihm vom Kinn. Im Spital nähten sie es ihm wieder an. Als wir nach Hause kamen, Paul mit einem dicken Verband, wartete die Mutter vor der Tür. In unserem Siedlungshaus am Stadtrand von Wien wohnten vier Parteien, wir im ersten Stock. Unten an der Haustür gab es eine Klingel, sodass man oben Zeit hatte, sich auf den Besuch einzustellen. Die Mutter stand wie immer vor der Wohnungstür und tat so, als hätte sie den Unfall vorhergesehen. Mit dem Auto ihres Schwagers, der beim Fahren gern einen Schluck aus dem Doppler nahm, hatte sie sich nie angefreundet. Sie mochte es auch

nicht, wenn der Onkel mit seiner vom Alkohol geröteten Nase bei uns hereinstürmte, immer gut gelaunt,
immer fiebrig vor Tatendrang. «Is was?», rief er und
trieb uns zur Eile an. Stets hatte er es eilig.

Nun ist Paul also verschwunden, drücken wir es
einmal so aus. Solange es keine Leiche gibt, bleibt er
verschwunden. Was er getan hat, steht für mich außer
Frage. Nur das Wie ist offen. Blut scheidet aus. Auch
kann einer, dem es schwerfällt, beim Bäcker nach einer
Semmel zu verlangen, weil ihm der Klang der eigenen
Stimme peinlich ist, sich keine Waffe verschaffen. Das
letzte Mal war es ein Medikamentencocktail gewesen.
Über Monate hatte Paul damals seine eigenen und
Mutters Medikamente gehortet und, als sie über Nacht
wegbleiben wollte, alle auf einmal geschluckt. Das Gemisch wäre tödlich gewesen, wäre die Mutter nicht
frühzeitig zurückgekehrt. Auch so reichte es für ein
mehrtägiges Koma.

Der Zug gleitet durch die Nacht. Ich liege auf dem Rücken. So ist mein Bauch flach, die Hüftknochen stehen
vor. Ich denke daran, wie ich einmal aussah, schlank
und straff. «Trockene Fotze», beschimpfte mich kürzlich ein Mann mit unnachahmlichem Berliner Charme,
die Bierflasche in der Hand, einfach so auf der Straße.
Er ahnte nicht, wie recht er hatte. Seit der Scheidung
ist mein Körper erstarrt.

Im Nachtzug zwischen Wien und Wrocław hatten
wir ein Schlafwagenabteil 2. Klasse für uns allein, damals, im ersten Jahr unserer Ehe. Mein Mann hatte den

Schlafwagenschaffner mit fünfzig Schilling bestochen. Ich lag auf ihm, und unter uns ratterten die Räder. Alles, was wir taten, hatte die Frische des ersten Mals. Jedes Wort, jede Berührung löste Schauer aus. Und eine hochschießende Gewissheit, dass nun alles gut sei. Ich war angekommen und in Sicherheit. Er würde immer da sein, um mich zu beschützen, mein arischer Mann aus der österreichischen Provinz. Das Nazikind würde das Judenkind beschützen. Eine Zugreise war nun keine Flucht mehr, sondern Genuss und Lust. Meine Hinterbacken in seinen Händen, meine Arme aufgestützt, sein entrückter Blick in meinen Augen, das Rattern der Räder spielte die Musik zum Stoßen und Rühren unserer Lenden.

Meine Mutter fand es befremdlich, dass ich einen aus der Provinz heiratete, so viel jünger als ich obendrein. Bei der Hochzeit, zu der sie finanziell nichts beigetragen hatte, saß sie mit Paul an einem Tisch und ignorierte meinen Mann, so gut es ging. Mein Vater war damals schon tot. Sie schenkte mir zwei Handtücher von Ikea, die ich mir selbst aussuchen durfte, ein blaues für mich, ein rotes für meinen Ehemann.

In der Ehe erlebte ich eine Geborgenheit, wie sie mir nur mein Vater in der Kindheit gegeben hatte. Doch nach sieben Jahren ließ ich mich scheiden und blieb wie mit abgetrennten Gliedmaßen zurück. Wider besseres Wissen hoffte ich, die Mutter würde mich trösten oder mir wenigstens eine Frage stellen. Sie aber nahm die Mitteilung achselzuckend zur Kenntnis und bastelte sich einen ihr plausibel erscheinenden Scheidungsgrund, den sie der australischen Verwandtschaft brieflich mitteilen konnte: Er habe sich eine Freundin gesucht, schrieb sie, das war völlig frei erfunden. Als ich kurz darauf nach Australien reiste, hatte ich Mühe zu erklären, worum es wirklich gegangen war. Ich klang wenig überzeugend.

Das Eheglück meiner Mutter dauerte länger als meines. In England liebte sie ihren «Jungen» wie eine Ertrinkende. Während ringsum die Welt unterging, verbrachten meine Eltern ihre karge Freizeit zusammen, saßen in den Londoner Parks und wanderten in den Hügeln von Norfolk und Buckinghamshire. Ihre Arbeitszeiten als *married couple* in englischen Herrschaftshäusern gingen weit über das gewerkschaftlich Erlaubte hinaus, doch sie hatten einander. Phasen der Trennung waren für meine Mutter eine Qual, doch kam mein Vater ja wieder. Wirklich schlimm wurde es für sie erst nach ihrer Rückkehr nach Wien. Mein Vater mag sich nach dem alten Leben in der Heimat gesehnt haben, für meine Mutter war es die Rückreise ins Naziland. Hier begann ihre Liebe abzusterben.

Wie konntest du nur deine jüdische Frau dazu veranlassen, nach Wien zurückzukehren, würde ich meinen Vater gern fragen. In das Wien, aus dem sie Hals über Kopf flüchten musste, nicht nur vor Hitler, sondern auch vor den Sozialdemokraten, die schon am Tag nach dem sogenannten Anschluss die jüdischen Mieter des Gemeindebaus, in dem meine Eltern wohnten, an die Gestapo verrieten. Es war ein besonders innovativer Gemeindebau, mit einer Zentralküche,

einem Kindergarten und einer Wäscherei. In besseren
Zeiten standen die Wohnungstüren offen, die Nachbarn waren Genossen und hatten voreinander nichts
zu verbergen. Am 13. März 1938 wussten meine Eltern,
dass es mit dieser Idylle nunmehr vorbei war.

Die Cousine holt mich frühmorgens vom Bahnhof ab.
Ihr Kopf steckt in einem dicken, mehrmals um den
Hals geschlungenen Schal. Mit dem Auto bringt sie
mich in die Siedlung im Süden Wiens, in der ich selbst
zwei Jahrzehnte gelebt habe. Wir schweigen. Die Vertrautheit der Gegend schmerzt. Als meine Familie 1949
dort einzog, ein Jahr nach unserer Ankunft aus England,
gab es keine befestigten Wege. Meine Mutter weinte,
als mein Vater mit der guten Nachricht nach Hause
kam, die Gemeinde Wien habe uns eine Wohnung im
Arbeiterbezirk Favoriten zugewiesen. Sie hätte lieber
in einem bürgerlichen Bezirk gewohnt. Zwar war sie
Kommunistin, Tür an Tür mit dem österreichischen
Proletariat wollte sie aber doch nicht leben.

Unsere Siedlung war das erste Bauvorhaben der
Stadtverwaltung nach dem Krieg gewesen, «ein Saat-
korn zum sozialen Aufstieg unseres Volkes», wie es in
einer Broschüre hieß. «Möge es in kommenden Ge-
schlechtern reifen zu unüberwindlicher Menschen-
und Friedensliebe.» Nackt und kahl, mit den eben erst
gepflanzten dürren Bäumchen, lassen die Fotos in der
Broschüre an ein südafrikanisches Township denken.
Die Siedlung lag am Rand der Stadt. In den Feldern
wuchsen Mohn- und Kornblumen, aus denen ich mit

den Nachbarskindern Kränze flocht. Den ganzen Sommer über liefen wir Kinder barfuß. Im Garten der Nachbarn übte ich mit der Tochter Turnen: Kopfstand, Spagat, Radschlagen, Brücke. Sie war dehnbar wie ein Gummiband, ich schon damals steif. Unsere Familie hatte keinen Garten, nur den Balkon im ersten Stock. Dort saß mein Bruder stundenlang und vertrieb sich die Zeit damit, vorüberfahrende Autos an ihrem Motorgeräusch zu erraten. Freilich gab es damals nur wenige Autotypen, und die durch eine – später begrünte – Brache von unserem Haus getrennte Straße hatte nicht viel Verkehr. Dennoch bewunderte ich ihn dafür. Er kannte auch alle Hauptstädte der Welt auswendig. Von ihm, dem vier Jahre Jüngeren, lernte ich, dass es Ulan-Bator gibt. Eigentlich, denke ich jetzt, hatten wir keine schlechte Kindheit.

Und doch schnürt es mir die Kehle zu, wenn ich mich der Siedlung nähere, sammeln sich Unruhe und Missmut in meinem Speichel. Ausspucken möchte ich sie, die Jahre der Kindheit, das bescheidene Leben, die düstere Einsamkeit der Schulzeit. Und dann wieder überfällt mich Mitleid mit der eigenen Familie, vier Menschen im Nachkriegswien, jeder auf seinem eigenen Planeten. Ich sehe sie sitzen wie auf fliegenden Untertassen und sich von Zeit zu Zeit etwas zurufen. Wenn der Zufall sie nah genug zusammenführt, können sie einander einen Augenblick lang verstehen. Aber sie wissen nichts mit dieser Nähe anzufangen. Dann driften sie wieder auseinander. Wen gab es, der uns hätte helfen können, eine Verbindung herzustellen? Ein paar versprengte Emigrantinnen und ihre Ehemänner kamen manchmal zu Besuch. Mit der Straßenbahn in unsere Siedlung zu fahren war ein kleines Abenteuer, besonders wenn man nach einem Regenguss im Schlamm stecken blieb. Aber unsere Gäste hatten meist schon größere Abenteuer hinter sich. Bei belegten Brötchen und Tee saßen sie dann in unserer karg eingerichteten Neubauwohnung und redeten ein Gemisch aus Deutsch und Englisch. Kinder hatten sie keine. Manchmal seufzten sie. Meine Mutter rieb ihre Handflächen gegeneinander und verkrampfte den Kiefer. Diese Grimasse, ihr in die Ferne gerichteter Blick, begleitete mich durch die ganze Kindheit.

Meine Cousine hat in der Nacht, als die Feuerwehr einstieg, die Schlüssel an sich genommen. Die Tür zu öffnen, überlässt sie mir, es geht mühelos. Die Wohnung ist in der Tat aufgeräumt. Sogleich fallen mir die orangefarbenen Kuverts ins Auge. Sie sind in Pauls akribischer Handschrift in Blockbuchstaben beschriftet: eins mit den Dokumenten der Mutter (Geburtsschein, Heiratsurkunde, Staatsbürgerschaftsnachweis, Meldezettel, Reisepass, Todesbestätigung), eins mit Pauls Dokumenten (Geburtsschein, Taufschein – ja, auch der! –, Staatsbürgerschaftsnachweis, Meldezettel, Reisepass). In Mutters Kuvert außerdem die griechische Sterbeurkunde des Vaters aus Chios samt deutscher Übersetzung. Ein Zettel, auf dem zwei Filme liegen, mahnt: «2 belichtete Filme zum Entwickeln!» Neben einem alten Tausendschillingschein ein weiterer Zettel: «Wenn

möglich, bei Nationalbank gegen neuen Tausender ein-
wechseln!» Er hat an alles gedacht. Ein auf Ende Jänner
datierter maschinschriftlicher Brief im dritten Kuvert
mit der Aufschrift «Vollmacht» und «Sehr wichtig!»
teilt mit, dass eine plötzliche Wende in Pauls Lebens-
verhältnissen seine unverzügliche Auswanderung nach
Übersee erfordere. Er verzichte auf jegliches weitere
Wohnrecht in der Wohnung und bevollmächtigte mich,
seine Schwester, den Haushalt aufzulösen und über das
Inventar nach meinem Gutdünken frei zu verfügen.

Die Pässe von Mutter und Sohn laufen in drei Wochen ab.

Stille. In mir ist Stille. Und, ja, Erleichterung. Endlich
ist es passiert. Jetzt muss ich keine Angst mehr davor haben. Die Wohnung ist gründlich aufgeräumt, ich kann
es nur wiederholen. Alles Leben ist daraus gewichen,
auch wenn die Gegenstände und Möbel noch die Gegenwart ihrer Bewohner ausdünsten, Spuren des jahr-
zehntelangen Gebrauchs, die verblichenen Rücken der
Bücher im halbhohen SW-Regal aus dem von der Stadt
Wien in den fünfziger Jahren eingerichteten Projekt
«Soziale Wohnkultur». Man sieht den Büchern an, dass
sie gründlich gelesen wurden, in Mutters Zimmer vor
allem englische und amerikanische Ausgaben. Sie blieb
ihrer Exilsprache treu, las alle wichtigen Romane aus
dem englischen Sprachraum im Original, auch dann
noch, als sie bei jedem neuen Satz den vorhergehenden
bereits vergessen hatte. Im Zimmer meines Bruders
überwiegt die deutsche Sprache. Dickleibige philoso-

phische Abhandlungen im bis zur Decke reichenden Regal aus weißem Schleiflack, auf dem Schreibtisch gestapelt erst kürzlich erschienene Romane (er war immer auf dem Laufenden), eine Menge Biographien, gespickt mit winzigen Lesezeichen, und eine Unzahl gleich großer, sorgfältig in Form gerissener Zettel mit Querverweisen auf andere Werke, die er sich vielleicht kaufen oder aus der Bibliothek leihen wollte. Bleistifte und Kugelschreiber der Länge nach geordnet. Links über dem Stillleben thront eine Menora aus Messing, rechts die Schreibtischlampe aus Milchglas. Und nach hinten geschoben seine Schreibmaschine, die mechanische Schreibmaschine, mit der er den Brief getippt hat, der mich bevollmächtigt, mich um dies alles hier zu kümmern – ich nehme es ihm jetzt schon übel.

Als ich mir einen neuen Laptop kaufte, bot ich an, ihm meinen alten zu schenken und ihn in die digitale Technik einzuweisen. Er schrie mich an, ich solle ihn in Frieden lassen, in seinen Augen Entsetzen. Alles sollte so bleiben, wie es immer war. «Ich passe nicht in diese Zeit», sagte er oft, Neues lehnte er ab, vor allem Maschinen. Dabei erinnere ich mich an seine Zeichnungen von Menschen, deren verkrüppelte Gliedmaßen sich nur mit Hilfe von Maschinen bewegen lassen. Seit Jahren habe ich die Zeichnungen nicht gesehen.

Im Augenblick gibt es in der Wohnung nichts mehr zu finden, keinen Hinweis auf seinen Verbleib. Ein letzter Blick in die Küche, die damals «amerikanisch» genannt wurde. Kaum zu glauben, dass um diesen einbeinigen, mit der Schmalseite an der Wand befestigten Tisch aus lichtblauem Kunststoff die gesamte vierköpfige Familie beim Sonntagsfrühstück saß, auf plastikbezogenen Hockern, die seufzten, wenn man sich darauf niederließ. In den hellgelben Oberschränken die Teller, aus denen ich als Kind aß, die japanischen Teetassen aus hauchdünnem Porzellan für besondere Anlässe.

Den Kühlschrank hat Paul nicht ausgeschaltet, das zurückgelassene Stück Butter und der Käse sollten wohl nicht verderben. Auf dem Kühlschrank der Kassenzettel seines womöglich letzten Einkaufs bei «Merkur» im Zentrum auf der anderen Seite der Straße, auf der einst die Goggomobile und DKWs vorüberfuhren. Die Kassierin, die ihm am 29. Jänner um 15.24 Uhr 152 Schilling und 10 Groschen abnahm, heißt Sabine. Er gab ihr 202 Schilling und 10 Groschen und bekam 50 Schilling zurück. Er kaufte ein, was er immer einkaufte, schwelgte nicht etwa wie beim Besuch der australischen Cousine. Toastbrot, Emmentaler, Maresi-Kaffeesahne, Philadelphia-Streichkäse, 268 Gramm lose Tomaten, 430 Gramm weiße Trauben, eine Fertigsuppe namens «Heiße Tasse», eine Tafel Schokolade, den Orangensaft «Happy Day» und einen «Kurier».

Wenn das, was ich annehme, stattgefunden hat, dann war dies seine Henkersmahlzeit. Die Heiße Tasse, weiß die Cousine, war seit dem Tod der Mutter sein einziges warmes Essen. Man schüttet das Pulver mit kochendem Wasser auf. Ich sehe ihn vor mir, wie er in der himmelblaugelben Küche auf einem dreibeinigen Hocker sitzt und auf den schneebedeckten Garten vor dem Fenster schaut, wo ich einst mit dem Nachbarsmädchen turnte, dieselbe Aussicht seit einem halben Jahrhundert. Zur Heißen Tasse trinkt er Happy Day, danach gibt es ein Stück Schokolade. Vielleicht hat er das Radio angemacht, um nicht so allein zu sein. Das Radio mit den vom Küchendunst verschmierten Tasten, Ö1 der voreingestellte Sender. Wie ist es, wenn man sich seine eigene Henkersmahlzeit zubereitet? Wieso isst man überhaupt?

Ehe er die aufgeräumte Wohnung endgültig abschloss, trug er den Müll mit der geleerten Packung Happy Day hinunter. Bis zu den Mülltonnen waren es noch einige Schritte im Freien, vorbei an den Fenstern der Nachbarn. In unserer Kindheit stand dort die Klopfstange, die vor allem den Kindern zum Turnen diente. Als die Mutter zu schwach wurde, den Müll selbst hinunterzutragen, musste Paul ihr diese Arbeit notgedrungen abnehmen. Er tat es nachts, um von den Nachbarn nicht gesehen zu werden. Tagsüber hätten sie ihn ansprechen können, und er hätte antworten müssen.

Ich nehme die Kuverts und die Schlüssel an mich, und wir fahren zum zuständigen Polizeikommissariat, um eine Abgängigkeitsanzeige zu erstatten. Ich berichte dem jungen Polizisten, was vorgefallen ist, zeige ihm den Brief.

«Wie alt ist Ihr Bruder?»

«Über fünfzig.»

«Na, hören Sie! Der ist doch erwachsen, der kann hinfahren, wo er will.»

«Sie können mir glauben, ich kenne meinen Bruder. Ich weiß, was dieser Brief zu bedeuten hat.»

Der Polizist lässt sich nicht beirren. «Er ist nicht minderjährig und nicht entmündigt. Da können wir gar nichts machen.»

Ich beginne, die Nerven zu verlieren. Bestimmt ist er ein Antisemit, denke ich, fange an zu schreien.

«Das Auswandern ist eine Metapher, verstehen Sie nicht! Außerdem hat er seinen Pass nicht mitgenommen.»

«In Europa braucht man heutzutage keinen Pass.»

Die Cousine springt ein, besänftigt, faselt etwas von Holocaust und hochintelligenter Mensch. Das ist mir so peinlich, dass ich mich augenblicklich beruhige. Pauls angebliche Intelligenz hat sie schon immer mit Bewunderung erfüllt. Ich kann es nicht mehr hören.

Der Polizist hat recht, der Brief ist kein Abschieds-brief, keine Suizidankündigung im eigentlichen Sinn. Er drückt Pauls Zwiespalt aus: sterben oder auswandern.

Den letzten Urlaub verbrachten die Mutter und Paul in New York. Er war begeistert. Während sich die Mutter im Hotel ausruhte, durchforschte er die Stadt zu Fuß, wanderte auf den Spuren der jüdischen Emigranten. Er schrieb sich aus dem Telefonbuch die Namen und Nummern von Leuten mit dem Mädchen-namen der Mutter heraus. Kaum anzunehmen, dass er sie tatsächlich anrief; er hätte es wohl gern getan.

Die jüdischen Emigranten waren die einzigen Men-schen, denen gegenüber er sich öffnete, die Freundinnen meiner Mutter, die nach England ausgewandert waren, die australische Verwandtschaft, die zu Besuch nach Wien kam. Mit Gleichmut und Charme ertrug er auch das Gekreisch von Mutters Trauzeugin, eine der wenigen, die Polen selbst nach den antisemitischen Kampagnen von 1968 nicht verlassen hatte. Während ich mich mürrisch verkroch, sobald die Polinnen in unsere kleine Wohnung einfielen, gab er den perfekten Sohn, und die Damen liebten ihn. Er fotografierte sie, mit und ohne Mutter, und klebte die Fotos ins Album. So kann ich heute sehen, dass Mutters Trauzeugin, die mir als Teenager wie eine Hexe erschien, mit ihrer großen Hakennase, den Schlupflidern und dem blondgefärbten Haar, an dem sie vor dem Spiegel herumnestelte und dabei Grimassen schnitt, eine schlanke, gutaussehende Person war, wohl jünger als ich heute. Und was mir als jüdisches Gezänk in Erinnerung ist, war nichts als die auf- und absteigende Melodie der polnischen Sprache, deren Klang mich heute beglückt. Der Muttersprache, die mir beizubringen die Mutter versäumt hat.

«*Strasznie wyglądam*» ist einer der wenigen polnischen Sätze, die ich mir aus der Zeit der Damenbesuche gemerkt habe: «Ich sehe schrecklich aus», stellte meine Mutter schon fast befriedigt fest, wenn sie sich im Spiegel begutachtete. «*Nie mam pieniądze*» – ein anderer Satz, der sich mir durch oftmaliges Hören eingeprägt hat: «Ich habe kein Geld.»

Unwillig brummend lässt sich der Polizist schließlich doch dazu bewegen, eine Akte für Paul anzulegen. Name, Geburtsdatum, Adresse, Zeitpunkt des Verschwindens …

Und nun? Warten. Ich quartiere mich bei der Cousine ein. Wir sind uns in der letzten Lebensphase meiner Mutter nähergekommen. Sie hat sich um sie gekümmert, und um Paul. Mit ihrem Mann bewohnt sie eine langgestreckte Altbauwohnung im ersten Stock eines direkt an einer Ausfallstraße gelegenen und von Abgasen dunkelgrau gefärbten Hauses. Im Garten hat sich die Cousine ein kleines Paradies geschaffen, aber das Wohnzimmer, in dem ich schlafe, ist die Hölle. Tag und Nacht Autoströme in beide Richtungen. Wenn ein Lkw vorbeidonnert, klirren die Fensterscheiben. Der Mann meiner Cousine ist Sammler, der Raum vollgestopft mit Kunstgegenständen und Nippes. An der Wand hängt das Gemälde einer Frau, deren Gesicht ein graublauer Fleck ist. Gerade dieses Unfertige, sagt der Mann meiner Cousine, habe ihn zum Kauf des Bildes angeregt.

An der Grenze zwischen Wachen und ruhelosem Schlaf sehe ich unter dieser Figur die gesichtslose Gestalt meines Bruders auftauchen, mit seinem dichten, graumelierten Haar. Als Teenager lehnte er es ab, sich die Haare schneiden zu lassen, er verehrte die Beatles. Der Klassenvorstand rief wiederholt bei uns zu Hause an und forderte die Mutter auf, ihren Sohn zum Frisör zu schicken. Weil sein Freund, der Nachbarsbub, ein renommiertes Gymnasium in einem bürgerlichen Bezirk besuchte, wollte auch Paul dorthin, was mit einer langen, aber stets gemeinsam zurückgelegten Straßenbahnfahrt verbunden war. Zwei Buben, die nicht am Religionsunterricht teilnahmen und in einem Arbeiterbezirk wohnten – die Lehrer hatten immer etwas an ihnen auszusetzen. Ihre Anrufe aber haben meine Mutter nicht beeindruckt, oder sie konnte sich nicht durchsetzen, denn alle Fotos des Schülers Paul zeigen ihn ohne ordentliche Kurzhaarfrisur. Zeit seines Lebens schnitt er sich selbst die Haare, eine so intime Handlung wollte er auf keinen Fall einer fremden Person überlassen.

Der Radius, in dem Paul Austausch pflegte, wurde im Lauf der Jahre immer enger, bis nur noch die Mutter übrigblieb. Und doch hat er die Matura bestanden, an der Universität Philosophie inskribiert, ein Jahrzehnt studiert, sämtliche Prüfungen mit sehr gut abgelegt und eine Dissertation begonnen. In der Schule war er ein beliebter Spaßmacher, setzte sich zum Gaudium seiner Mitschüler die Turnhose auf den Kopf, wenn ihm im Englischunterricht langweilig war, und vertrieb sich die Zeit damit, seine Lehrer zu porträtieren. Einer von ihnen zog die Zeichnungen am Ende der Stunde ein, sie gefielen ihm offenbar. Als Kind war Paul ein Draufgänger, schlug einem anderen Buben im Sandkasten die Stirn mit einem Löffel blutig, die Eltern erstatteten Anzeige. Später war er unter den Arbeiterkindern der Einzige, der einen grünlackierten Trittroller mit dicken weißen Reifen besaß. Mir klingt noch das kollektive Willkommensgeheul in den Ohren, wenn er in den Hof hinunterkam. Hatten wir Besuch, machte er Faxen, tat so, als habe er sich den Kopf am Türstock angeschlagen, und krümmte sich vor Schmerzen. Die Familie lachte.

Wenn ich jetzt an ihn denke, sehe ich die Narbe an seinem Kinn und einen Mund, der lacht oder vielmehr die Zähne bleckt, ohne dass die Augen ihm folgen. Pauls Lachen war abwehrend und unterwürfig zugleich, kein Zeichen von Freundlichkeit und Zuwendung. Mit der Zeit haben sich an seinen Mundwinkeln tiefe Falten eingegraben, zwei auf jeder Seite, er brauchte nur die schmalen Lippen ein wenig in die Breite zu ziehen, schon deuteten die Falten das Lächeln an, noch ehe sich die Zähne zeigten. Meine eigenen Lachfalten befinden sich an der gleichen Stelle. Wie er setze ich ein breites Grinsen auf, auch wenn es nichts zu lachen gibt. Besonders, wenn es nichts zu lachen gibt.

Ich liege auf der harten Wohnzimmercouch und lausche dem Verkehr vor dem Fenster. Eine mannshohe Figur aus Holz weist mit dem Arm Richtung Tür. Die Zimmerpalme wirft bei jedem vorbeifahrenden Fahrzeug flackernde Schatten an die Wand. Die Frauengestalt im Bilderrahmen hält mit einem Mal ihren Kopf unter dem Arm.

Mein Vater hatte in England Gefallen an Geistergeschichten gefunden, in denen Verstorbene dazu verdammt sind, um Mitternacht mit dem Kopf unterm Arm durch ihre Gemächer zu streunen. Diese Untoten, die durchsichtig sind und sich beim ersten Mor-

gengrauen im Licht auflösen, bevölkerten seine Gute-
nachtgeschichten. Bellende Hunde in der Nacht waren
für ihn verlorene Seelen, die um Befreiung flehten.
Ich liebte es, wenn er mir solche Geschichten erzählte, und fürchtete mich nicht. Seine tiefe Stimme ver-
sicherte mir, dass er da war und mich beschützte. Das
tat er auch tagsüber, wenn ich an seiner Hand durch
den *black cut* ging, einen engen, zu beiden Seiten mit
Efeu und dichtem Gebüsch umwucherten Pfad, der
die Sackgasse, in der wir wohnten, auf kürzestem Weg
mit der Hauptverkehrsstraße verband.

Am nächsten Tag habe ich hohes Fieber, das auch
in den folgenden Tagen nicht sinkt. Ich muss meine
Teilnahme an der Veranstaltung absagen, deretwegen
ich ursprünglich nach Wien kommen wollte. Ich ziehe
die Decke über den Kopf und versuche, nicht daran zu
denken, was die «plötzliche Wende in meinen Lebens-
verhältnissen» auch für mich bedeutet.

Als Kind war ich oft krank. Ich sehe die kräftige
Hand meiner Mutter, die das Fieberthermometer
schüttelt. Ihre Bewegungen duldeten keinen Wider-
spruch. Andauernd hatte ich Erkältungen, dann Influ-
enza, Bronchitis, Lungenentzündung, Heuschnupfen,
Angina, Keuchhusten, dazu die üblichen Kinderkrank-
heiten wie Mumps, Masern und Scharlach. Immer
wieder musste ich ins Spital. Als ich drei war, wurde
Asthma diagnostiziert. Wenn ich nicht schlafen konnte, trug mich meine Mutter durchs Haus und sang mir
polnische Wiegenlieder vor. Auf Anraten des Haus-
arztes, eines österreichischen Emigranten, kam ich in

ein Kinderheim am Meer, den Ort mit dem angeblich mildesten Klima Englands. Aus wie ursprünglich geplant sechs Wochen wurden fünf Monate. Den Eltern war es verboten, ihr Kind zu besuchen, und den Zeitpunkt der Rückkehr bestimmte die Heimleitung. Als sie Winterkleidung für mich einforderte und meinen Aufenthalt um zwei weitere Monate verlängerte, weinte meine Mutter. Ich weinte nie. Schon zuvor, wenn ich im Krankenhaus meine Eltern nur hinter der Glasscheibe sehen durfte, hatte ich mich zusammengerissen wie eine Große.

Nach meiner Rückkehr aus dem Kinderheim, wo ich nach Auskunft der Heimleitung immer artig gegessen hatte, während zu Hause jede Mahlzeit zum Drama wurde, stellte man meine Katzenallergie fest. In unserer Straße wohnten zwei unverheiratete Schwestern mit mehreren Katzen. Ab sofort war es mir streng verboten, ihr Haus zu betreten, doch ich war zu jung, um den Grund dafür zu begreifen. Dass ich, die oft stundenlang unauffindbar war, weil ich in den umliegenden Häusern verschwand, um meine Nachbarinnen zu besuchen, gerade dort nicht hindurfte, weckte in mir ein merkwürdiges Gefühl von Ehrfurcht. Ich stellte mir eine düstere Höhle mit Spinnweben und einem Klavier vor, auf das die beiden alten Jungfern gleichzeitig einhämmerten. Ihnen zu Füßen ein Gewusel von Katzen, Dutzende davon umschlichen das Klavier, schleckten die Milch mit ihren langen rosa Zungen, fauchten und kratzten jeden, der auch nur einen Fuß ins Haus setzte. Um nichts in der Welt hätte ich gewagt, das mütterliche Verbot zu brechen, und doch beschäftigte mich dieser Ort. Besonders in den Nächten, in denen ich vor Atemnot nicht schlafen konnte.

Das Ringen um Luft, die rasselnde Atmung, ich gewöhnte mich daran. Mit einer an einem Schlauch befestigten Gummipumpe sprühte ich mir über einen geschwungenen Glasbehälter eine hellbraune Flüssigkeit in die Bronchien. Der Wirkstoff linderte augenblicklich die Erstickungsangst. Die Flüssigkeit wurde in einer verschweißten Glasampulle geliefert, deren Spitze mein Vater mit einer winzigen Säge kappte. Durch Berührung mit der Luft färbte sich das Medikament mit der Zeit dunkelbraun und malte einen verkrusteten Rand an den Glasbehälter. Dann war es Zeit, eine neue Ampulle anzubrechen.

Tagsüber liege ich allein im Höllenzimmer. Nach der Arbeit kommt meine Cousine vorbei, um nachzusehen, wie es mir geht, bringt Tee mit Zitrone und etwas zu essen. Sie ist so anders als ich, hektisch, zupackend, von unverwüstlichem Optimismus – schwer vorstellbar, dass wir miteinander verwandt sind. Obwohl meine Mutter ihre angeheiratete österreichische Verwandtschaft im Alter ablehnte, habe ich der Cousine meine Restfamilie überlassen, damit sie sich um sie kümmert, zuerst die Mutter, dann den Bruder. Die Cousine wollte daran glauben, dass Paul nach dem Tod der Mutter zurechtkam, und er tat alles, um sie darin zu bestärken. Auch ich wollte es glauben.

Paul war ein Meister der Verstellung. Sein Lächeln,

sein Buckeln, seine zuvorkommende Art, seine sanfte Stimme blendeten alle. (Wenn angesichts der wenigen Menschen, mit denen er zu tun hatte, das Wort «alle» überhaupt angebracht ist.) Im Gespräch mit ihm fühlte sich jeder bestätigt. Er war ein Jasager. Eine Person musste nur einigermaßen selbstbewusst auftreten, schon sagte er ja, noch ehe das Gegenüber den Satz beendet hatte. Menschen, die sich in der Welt behaupteten, flößten ihm unangemessenen Respekt ein. Ja, sagte er, zeigte seine vier Mundwinkelfalten, nickte bestätigend und verbeugte sich steif. Ein Abknicken an der Hüfte, einer Gliederpuppe gleich.

Als Kinder hatten wir eine Giraffe. Ihr Körper bestand aus Holzgliedern, die auf gespannten Gummibändern aufgefädelt waren. Drückte man die Platte im Sockel, auf dem das Tier stand, wurden die Gummibänder schlaff, und die Giraffe knickte in sich zusammen. So war er auch, mein Bruder.

Nur mit mir ging er anders um. Bei der geringsten Meinungsverschiedenheit konnte er von einer Wut erfasst werden, die mörderisch zu nennen nicht übertrieben ist. Zu körperlichen Auseinandersetzungen wie in unserer Kindheit, als er mit der Schere oder gleich mit einem ganzen Stuhl auf mich losging, kam es im Erwachsenenalter nicht. Unsere Auseinandersetzungen waren jetzt Wortgefechte, die mit hilflosen spitzen Schreien meinerseits endeten. Mit einer für einen Jasager erstaunlichen Überheblichkeit schleuderte er mir sein philosophisches Instrumentarium an den Kopf. Dem hatte ich nichts entgegenzusetzen. Jeden

Alltagskonflikt philosophisch überhöhen, das war seine Waffe. Je weniger ich verstand, desto lauter wurde unsere Unterhaltung. Längst redeten wir nur noch gegeneinander an, unsere ausgestoßenen Sätze waren wie das Fauchen wilder Tiere. Die Mutter ließ uns bei solchen Gelegenheiten allein, machte sich in der Küche zu schaffen oder zog sich in ihr Zimmer zurück und las. Der Lärm, den wir verursachten, und unsere bleichen, wutverzerrten Gesichter schienen sie nicht zu beunruhigen.

«Na, bei euch ist es gestern wieder zugegangen», bemerkte mein Volksschullehrer einmal süffisant, als ich auf dem Weg zur Schule mit ihm zusammenstieß. Er, der Vater von Pauls bestem Freund, wohnte nebenan, und die Wände des Neubaus waren dünn. Ich schämte mich nicht einmal, ich kannte es ja nicht anders. Ich schämte mich auch nicht, als er mich meiner hübschen, von der Mutter geschneiderten Kleider wegen Modepuppe nannte und mir ein Leben ohne Mann voraussagte, weil es meinen Kinderhänden nicht gelingen wollte, mit fünf Nadeln Socken zu stricken. Entweder schlüpfte eine Nadel durch die zu lockeren Maschen, oder die Maschen umklammerten die Nadel so fest, dass sich meine Finger verkrampften, wenn ich eine abzuheben versuchte. Meine Mitschülerinnen – natürlich war die Handarbeitsstunde nur den Mädchen vorbehalten – machten sich über mich lustig, weil ich nach englischer Art strickte und nicht, wie in Österreich üblich, die Wolle um den gereckten Zeigefinger wickelte. Unser cholerischer Lehrer, der mit seinem

Schlüsselbund nach uns warf, warnte die Schülerinnen, dass er uns nicht grüßen würde, sollten wir ihm in späteren Jahren mit roten Lippen über den Weg laufen. Da meine Mutter ihre Lippen immer rot anmalte, konnte mich auch diese Drohung nicht beeindrucken. Im Übrigen war er kein Nazi, nur Sozialdemokrat.

DAS FIEBER öffnet Erinnerungsschleusen. – Die Wiener Kinder machten ihre Münder auf und zu, aber ich hörte nur Geräusche, unverständliches Gebrabbel, das ich von meinen Eltern kannte. In dem Kauderwelsch, das sie Deutsch nannten, unterhielten sie sich, wenn ich sie nicht verstehen sollte. *«Speak English»*, schrie ich und stampfte mit dem Fuß. Als die Rückkehr meiner Familie beschlossene Sache war, versuchte mein Vater, mir Deutsch beizubringen, was ich beharrlich verweigerte. Nur dass man in Österreich Schuhe an den Händen trägt, fand ich lustig. Als deutsche Kriegsgefangene durch die Straßen unserer Kleinstadt geführt wurden, rief mein Vater: «Die Deitschn kumman!» «Die Deitschn, die Deitschn» waren meine ersten deutschen Worte. Als ich begriff, dass ich über den Umweg eines Heiterkeitserfolgs mein Ziel leichter erreichen konnte, begann ich mein Englisch mit aufgeschnappten wienerischen Ausdrücken zu garnieren. *«Give me a bissel, Mummy, it is sehr gut»*, bettelte ich, worauf meine Mutter mir gerührt jeden Wunsch erfüllte.

Ich war fünf, als wir aus dem vertrauten England, aus der beschaulichen Kleinstadt nördlich von London mit ihren gemauerten Reihenhäusern, ihrer von allerlei Federvieh bevölkerten Parklandschaft und der langgestreckten Kathedrale zurückkehrten in das vom Krieg zerstörte, verarmte und von enttäuschten Nazis bewohnte Wien. Ein Zurück war es nur für meine Eltern, für mich und den noch sprachlosen Bruder war es die Übersiedlung in eine fremde Welt.

Im Juni 1948 fuhren wir mit dem Simplon Orient Express über Frankreich und die Schweiz nach Österreich. Die Reise dauerte anderthalb Tage, und der sechzehn Monate alte Bruder, bis dahin ein entspanntes Baby, das zufrieden lächelnd und mit dem Mund Bläschen bildend in seinem himmelblauen Seidenkleidchen auf der Decke im Garten gelegen hatte und aussah wie ein frischgepflückter Apfel, dieser Paul schrie das Coupé nieder und spuckte seinen kalten Brei aus dem Fläschchen auf die genervten Mitreisenden. Vielleicht befand sich im Abteil eine Dame mit Hut oder ein Mann mit Brille, die er nicht leiden konnte, wahrscheinlich spürte er aber mehr noch die Nervosität der Mutter, die sich zehn Jahre nach ihrer letzten großen Bahnreise Kilometer um Kilometer dem Land Österreich näherte und die zudem gezwungen war, seine durchnässten Windeln am Gepäcknetz aufzuhängen.

So wie ich ihn kenne, verzog sich mein Vater auf den Gang und rauchte eine Zigarette nach der anderen, «Players Navy Cut». Vielleicht verstrickte er am Fenster stehend eine junge Schweizerin in ein charmantes Gespräch, glücklich, wieder Deutsch sprechen zu können, ohne gleich als Spion verdächtigt zu werden. Er freute sich auf die Heimat, auf seine beiden Brüder, auf die Rehabilitierung durch die Wiener Verkehrsbetriebe, wo sein Posten als Buchhalter auf ihn wartete, den er zwölf Jahre zuvor verloren hatte. «Ich möchte in meiner Heimat mithelfen, ein freies Österreich aufzubauen», hatte er gleich 1946 an seinen ehemaligen Arbeitgeber geschrieben. Er freute sich auf seinen Schreibtisch, auf die geordnete Welt der Zahlenreihen, auf den Kollegen am gegenüberliegenden Schreibtisch, auf die unkündbare Anstellung mit dem zwar kargen, aber sicheren Gehalt, auf die Gewissheit der Pension – so muss er sich die Zukunft im freien Österreich ausgemalt haben. Vielleicht würde er die Krampfadern operieren lassen, die er in England durch die stehende Arbeit an der Fräsmaschine bekommen hatte.

Zehn Jahre zuvor hatte er die Heimat verlassen, das Land mit den majestätischen Bergen, in denen er als Mitglied des sozialistischen Naturfreundevereins mit seiner polnischen Freundin wandern gegangen war, er in Lederhose, sie im Dirndl. In den Bergen und an den Alpenseen fühlten sie sich sicher und frei. In der Stadt nützte ihnen die österreichische Gewandung wenig. Es konnte vorkommen, dass Jugendliche bei ihrem Anblick «Wenn das Judenblut vom Messer spritzt, geht's uns nochmal so gut» grölten, und dabei meinten sie nicht die polnische Jüdin mit der Knolle im runden Gesicht, sondern meinen gänzlich arischen Vater mit der Hakennase.

An der Seite meiner Mutter hatte er sich stets als «Wahljude» gesehen, und doch brachte er nicht das Mitgefühl auf, ihr die Rückkehr ins Naziland zu ersparen. Von Scheidung war sogar die Rede, meine Mutter sollte mit dem Baby in England bleiben, mein Vater mit dem älteren Kind nach Wien gehen. Vielleicht hätte er irgendwann eine echte Wienerin geheiratet, vielleicht wäre ich eine zufriedene Österreicherin geworden, wer weiß. Und vielleicht wäre Paul nicht verschwunden, sondern Professor für Philosophie an der Universität Cambridge geworden. Vielleicht. Wären meine Eltern, wie in der Anfangszeit ihrer Emigration geplant, nach Australien ausgewandert, hätten wir heute eine Reihe von Enkelkindern vorzuweisen. Weihnachten würde die gesamte Familie zu einem großen Mittagessen zusammenkommen, und jeder hätte neben seinem Teller einen *Christmas cracker* liegen. Zwei Tanten, zwei Onkel, zwei Cousinen, zwei Cousins, Juden allesamt, und dazu unzählige Nachkommen. Wir hätten Einfamilienhäuser mit Swimmingpools und einen Grill für das Barbecue auf der Terrasse. Unsere Sonntage würden wir am Bondi Beach verbringen, und vielleicht wäre mein sonnenhungriger Bruder inzwischen an Hautkrebs gestorben. Vielleicht.

Täglich fragte Paul in späteren Jahren die Mutter, warum sie eingewilligt habe, dem Vater nach Österreich zu folgen, er quälte sie damit. Ebenso wie ich war er davon überzeugt, dass wir in England glücklichere Menschen geworden wären. Die Mutter setzte ihr weinerliches Gesicht auf und jammerte «Lass mich in Ruh». Gewiss war es die Angst vor der unsicheren Zukunft gewesen, als alleinstehende Frau mit einem Kleinkind so kurz nach dem Krieg. Und es war Liebe. Aus Liebe hatte meine Mutter den Vater vor den Nazis gerettet, indem sie ihm half, ihr nach England nachzureisen; aus Liebe hatte sie ihm, als er später auf der Isle of Man interniert war, eine Stelle in der Fabrik verschafft, in der auch sie tätig war; aus Liebe hatte sie «unnötigerweise» ihre Kinder bekommen, in der Ehe müsse man eben Kompromisse schließen, wie sie Jahrzehnte später, von einer Journalistin als Zeitzeugin befragt, freimütig bekannte.

Dass sie die glückliche Mutter ihres ersten Kindes war, hatte sie zu diesem Zeitpunkt vergessen. Doch die Fotos von damals lügen nicht. Sie zeigen eine strahlende junge Frau im schmalen Garten des Reihenhauses, das wir mit einem anderen Emigranten aus Graz bewohnten, die kleine Tochter in braunen Sandalen und weißen Söckchen stolz der Kamera entgegengeschoben. Und als sie mich lange Zeit im Kinderheim behielten, verzehrte sie sich vor Sehnsucht nach dem aufgeweckten Kind, das ihr den eintönigen Tag mit endlosen Fragen ausfüllte. Doch als sie mit Paul schwanger war, bald nach dem Krieg, sickerte das Grauen der Schoah allmählich in ihr Bewusstsein. An den Schwiegervater schreibt sie, dass sie oft verdrossen sei und nicht mehr so jung wie früher. Die Schwangerschaft mache sie müde, und der fürchterliche Tod ihrer Eltern werde ihr nie wieder aus dem Kopf gehen. Es stand schlecht um Paul, schon vor seiner Geburt.

Die österreichische Familie bestürmte meinen Vater mit Briefen, drängte ihn zur Rückkehr. Der Großvater war alt und hatte während des Krieges stark an Gewicht verloren, wer weiß, wie lange er noch leben würde. Am Ende war er tot, ehe wir in Wien eintrafen. Er hatte sich eine Lungenentzündung zugezogen, starb aber an einer Medikamentenvergiftung, die mein Vater unwissentlich herbeigeführt hatte. Er hatte seinem Vater aus England Penicillin geschickt, das in Österreich nicht erhältlich war. Ohne den Arzt zu konsultieren, schluckte dieser das Mittel, nicht ahnend, dass es mit den konventionellen Medikamenten, die er bisher genommen hatte, eine bedrohliche Verbindung eingehen würde. Man fand ihn, die Pfeife verkehrt herum im Mund, bewusstlos in seinem Fauteuil. Er starb kurz nach der Einlieferung ins Spital.

In der für den Fall seines Ablebens bereitstehenden Urne stieß man auf einen Abschiedsbrief, den der Großvater unter dem Eindruck des Krieges verfasst hatte. Darin äußert er die Hoffnung, meinen Vater, «den tapferen Helden», noch einmal zu sehen, und entschuldigt sich bei der Schwiegertochter nachträglich für seine taktlose Äußerung zur bevorstehenden Hochzeit. Sie solle ihn nicht missverstehen, er sei monatelang von der Polizei und später von Polizeikonfidenten überwacht worden.

Mein Onkel ließ die Asche seines Vaters in den Wirren der frühen Nachkriegszeit nicht bestatten, sondern bewahrte die Urne auf einem Regal im Wohnzimmer auf. «Das ist dein Großvater», sagte er später seiner

Tochter. Meine Cousine hatte sich einen Großvater immer anders vorgestellt.

Der Tod seines Vaters änderte nichts an meines Vaters Entschluss, nach Österreich zurückzukehren. «Er ist im Geist schon in Wien, es ist ja seine Heimat», schrieb meine Mutter an die Verwandten. «Ich habe keine Heimat außer England. Ich bin schon müde, immer wieder neu anzufangen.»

Abgesehen davon war sie zutiefst enttäuscht vom Ausgang der ersten Nationalratswahl nach dem Krieg im November 1945, bei der die Österreichische Volkspartei, der nun jene Leute angehörten, die meine Eltern 1935 eingesperrt hatten, die absolute Mehrheit und die Kommunisten ein überraschend mageres Ergebnis erzielten. Mein Vater sah Österreich schon als «schwarzen Fleck in einem fortschrittlichen Europa». Die ÖVP hätte ohne die Stimmen der Nazis doch niemals die Mehrheit bekommen! Die Entrüstung unter den linken Emigranten war einhellig. «Langsam werden sie wieder das Kruckenkreuz zum Hakenkreuz umzubiegen versuchen», schrieb einer meinem Vater. Dennoch lockte die Heimat.

Heimat. Heimaterde. Heimatlich. Heimisch. Heimatlied. Heimatstück. Heimatland. Heimat bist du großer Söhne. Heimweh. Daheim. Heimischer Herd. Heimlich. Unheimlich. Wien ist mir unheimlich, nur aus der Ferne und als Touristin zu ertragen. Wiener Freundinnen können nicht begreifen, wie ich es aushalte, fern von Wien zu leben. «Komm zurück», schreiben sie mir, «hier ist es viel gemütlicher.» Ich will es aber nicht gemütlich haben, es erstickt mich. Wien ist mir ebenso vertraut wie meine Mutter, jede Geste, jeder Tonfall, jeder Blick, über Jahrzehnte immer gleich. Vertraut, verhasst und manchmal auch geliebt. Die wuchtigen Gebäude mit den Muskelmännern aus Stein an den Portalen, die verspielten Stadtbahnstationen, die enggewundenen Gassen, durch die sich Touristenströme wälzen, die Kaffeehäuser, wo man, ob man will oder nicht, immer auf Bekannte trifft, das näselnde Deutsch der Ö3-Moderatorin, die Parks, in denen die Rasenfreiheit erst in den siebziger Jahren erkämpft wurde. «Du Stadt am Donaustrande, umkränzt von grünen Höhn, umwallt von Ährenfeldern, umrauscht von dunklen Wäldern, wie bist du wunderschön!», musste Paul als Kind in sein Schulheft schreiben.

Das ist eine andere Erinnerung an unsere Ankunft in Wien: «Betreten verboten» im Schlosspark Schönbrunn, in der Nähe des Gemeindebaus, wo wir das erste Jahr über in der Einzimmerwohnung meiner Eltern aus der Vorkriegszeit wohnten. Das Kind, das im englischen Krankenhaus nie geweint hatte, weinte bitterlich angesichts des unzugänglichen Rasenteppichs mit den gepflegten Blumenbeeten, umgeben von einem Zwergzaun, grün gestrichen, damit er nicht so auffiel. Da kam zum ersten Mal Heimweh auf nach der mit Baumkronen gepunkteten Rasenfläche meiner englischen Geburtsstadt. «Betreten verboten» – so erlebte ich in meinem späteren Leben die meisten Einrichtungen im musealen Wien. Überall fühlte ich mich fremd

54

und unzugehörig, hatte Angst, weggeschickt zu werden. Ständig erwartete ich, dass sich mir ein kräftiger Mann in den Weg stellen und mit dem Finger auf mich zeigen würde: Du nicht! (Paul hat einmal einen Mann gezeichnet, eine brennende Kerze auf dem Kopf, hinter zwei übereinandergekreuzten Brettern, auf denen «Eintritt verboten» steht.)

Von wem haben sie das nur, fragte mein Vater, wenn wir unartig waren. Arme Mutter. Und arme Kinder, die von einer Mutter erzogen wurden, die sich nicht in ihre Lebensumstände fügen konnte. Unnötigerweise hatte sie zwei Kinder bekommen, und die hatte sie nun. Unnötigerweise war sie ihrem Mann ins Täterland gefolgt, und da war sie nun. Unter Menschen, die ihr vorwarfen, sie habe es gut gehabt in England, während auf die schöne Wienerstadt die Bomben fielen. Sie habe ihre Tochter mit Bananen und Schokolade gefüttert, während die Wiener Kinder darbten. Ein Jahr lang redete sie mit keinem Menschen außerhalb der Familie, derweil mein Vater an seinem Schreibtisch aufblühte. Die Sehnsucht nach der Schwester und dem Bruder in Australien, damals unerreichbar weit entfernt, ließ sie erstarren. Über ihre Eltern sprach sie kaum. Sie wollte ihre Kinder schützen vor dem Schrecklichen, das ihnen zugestoßen war. In den Nächten träumte sie vielleicht von ihrem Tod.

ALS DIE DEUTSCHEN meine Großeltern im Sommer 1942 direkt von der Fabrik, in der sie laut Ausweis arbeiteten, auf den Umschlagplatz des Warschauer Gettos brachten, erwartete sie dort einer der ersten Transporte nach Treblinka. Es fällt mir immer noch schwer, den Namen dieses Ortes auszusprechen. Weder meine Mutter noch mein Bruder haben es gewagt, dorthin zu fahren. Ich habe immer wieder daran gedacht, aber bisher nicht den Mut gefunden.

Meine Großeltern, beide siebenundfünfzig Jahre alt, müssen nach der Reise in der Sommerhitze schon bei der Ankunft zu Tode erschöpft gewesen sein. Die Strecke von Warschau nach Treblinka ist kurz, hundert Kilometer Richtung Nordosten, doch die etwa hundertfünfzig Menschen verbrachten bis zu zwölf Stunden eingepfercht in dem vor Hitze glühenden Güterwaggon. Meine Großmutter hatte zum Zeitpunkt ihrer Deportation eben eine Typhuserkrankung überstanden, mein Großvater musste wegen einer Schwäche, über die niemand mehr Auskunft geben kann, viel Butter, Eier und Grieß zu sich nehmen. Seelisch waren beide angeschlagen, der Großvater trauerte bis zuletzt seinem Aktienvermögen nach, das er nicht rechtzeitig zu Bargeld gemacht hatte und das nach dem Einmarsch der Deutschen wertlos geworden war. Die Großmutter war nach der Vertreibung aus ihrer Wohnung und der Umsiedlung ins Getto deprimiert und apathisch. Sie war überzeugt, ihre beiden im Ausland lebenden

Töchter nicht mehr wiederzusehen, und redete vom Sterben. Die Umstände ihres baldigen Todes wird sie sich allerdings nicht einmal in ihren schlimmsten Albträumen ausgemalt haben können. Sicher wussten die Großeltern, dass ihnen nichts Gutes bevorstand, als der Zug in Treblinka ächzend zum Stillstand kam. Aber was genau, konnten sie nicht ahnen. Es war unvorstellbar.

Heute zwinge ich mich, es mir vorzustellen: Sofern sie nicht gleich beim ersten Transport dabei waren, rochen sie vielleicht die in der Sommerhitze verwesenden Leichen, die, weil das Verbrennen in der Anfangszeit nicht schnell genug erfolgte, vor der Gaskammer gestapelt waren. Dann setzte die Todesangst schon im Waggon ein. Man hatte ihnen gesagt, sie würden umgesiedelt, um auf Bauernhöfen und in Fabriken zu arbeiten. Was sollte ein älteres Ehepaar aus der Hauptstadt auf einem Bauernhof?

Es wäre nicht das erste Täuschungsmanöver gewesen. Ein paar Wochen zuvor hatten die deutschen Behörden angekündigt, die gesamte jüdische Bevölkerung des Warschauer Gettos nach Ostpolen umsiedeln zu wollen. Ausgenommen seien jene, die in den Fabriken unter deutscher Kontrolle arbeiteten. Das Ganze war ein Trick, der die Aufmerksamkeit umlenken, die Panik in der Bevölkerung vermindern sollte. Panik bedeutete mehr Arbeit für die Wachmannschaften. Doch selbst ein regulärer Arbeitsplatz war kein Schutz vor den kurz darauf einsetzenden Deportationen.

Das Erste, was meine Großeltern sahen, als der Zug

zum Stillstand kam, war ein kleines Bahnhofsgebäude mit der Aufschrift «Treblinka». Eine Anzahl Waggons wurde abgekoppelt und von der Lokomotive langsam durch das Lagertor auf eine eingleisige Strecke geschoben. Ein hoher Zaun, blickdicht mit Reisig durchflochten, weckte tatsächlich einen ländlichen Eindruck, vielleicht lag dahinter ein großer Hof mit Vieh. An der Rampe das übliche Gebrüll, das sie aus dem Warschauer Getto kannten: «Aussteigen, alles aussteigen, schneller! Handgepäck mitnehmen, schweres Gepäck zurücklassen – wird nachgeliefert!» Ukrainische und litauische Wachen, die ihnen bis zum Augenblick ihres Todes keine ruhige Minute ließen. Innerhalb eines Jahres wurden in Treblinka nahezu neunhunderttausend Menschen ermordet, aus Warschau allein über dreihunderttausend. Um ein solches Ausmaß zu erreichen, musste man zupacken.

Meine Großeltern sind zwei von neunhunderttausend. Es besteht kein Grund, mehr um sie zu trauern als um die anderen. Die anderen jedoch sind für mich anonym, von den Großeltern gibt es Fotos, die mein österreichischer Onkel der Mutter aus ihrer Wiener Wohnung nach England nachschickte, gerade noch rechtzeitig, ehe der Postverkehr eingestellt wurde. Bürgerliche Menschen waren sie, der Großvater Kaufmann, wohlhabend genug, um dem mittleren von drei Kindern ein Studium im Ausland zu ermöglichen, ein gutaussehender, hochgewachsener, schlanker Mann mit graumeliertem Haar, Schnauzer und einer runden Intellektuellenbrille, makellos in Anzug und Krawatte, die Beine lässig übereinandergeschlagen, ein Frauen-held, der gern junge Mädchen herzte. Die Großmut-ter von kleiner, gedrungener Gestalt, pummelig mit kurzen Beinen, auf dem frühergrauten Haar schräg aufgesetzt ein kleiner Hut mit Krempe, unter der ihr rundes Gesicht ernst in die Kamera schaut. Mit durch-gedrücktem Rücken, auf Haltung bedacht.

Als junge Frau hatte sie goldenes Haar gehabt und eine rosige Gesichtsfarbe, hatte nach Parfüm geduftet und im Salon mit dem kostbaren Perserteppich und dem Kristallluster den Gesang ihrer Freundinnen am Klavier begleitet. Sie war gebildet, hatte in Łódz eine Musikschule besucht und mit Auszeichnung maturiert, was in der damaligen Zeit für ein Mädchen selten war. Gern hätte sie Literatur studiert, aber ihre Eltern woll-ten sie lieber möglichst bald unter die Haube bringen. Als eine der besten Schülerinnen ihrer Klasse erhielt sie – Ostpolen war von Russland besetzt, und man musste in der Schule Russisch sprechen – Jahr für Jahr einen russischen Klassiker geschenkt. Ihre Warschauer Bibliothek war voll von Dostojewskis, Tschechows und Tolstois. Meine Großmutter aber liebte vor allem die deutsche Literatur. Das Deutsch, in dem sie ihrem Schwiegersohn nach Wien schrieb, war fehlerfrei. In einem ihrer Briefe habe sie ihm geraten, so erzählte meine Mutter mit befremdlichem Stolz, seine Frau ruhig auch mal zu ohrfeigen, wenn der Teufel sie ritt. Ihre Tochter habe ein wildes Wesen, das der Zähmung bedürfe. Als meine Mutter noch ein Backfisch war, habe ihre Mutter sie wiederum vor einer Ehe mit einem Nichtjuden gewarnt. Früher oder später würde er sie als dreckige Jüdin beschimpfen, habe sie vorausgesagt. Das hat mein Vater nicht getan, und geohrfeigt hat er sie auch nicht, das nicht.

Wahrscheinlich waren die Großeltern immer noch gut angezogen, als sie in Treblinka ankamen, vielleicht aber war es im Waggon so heiß gewesen, dass selbst sie sich die Kleider vom Leib gerissen hatten. Von der Rampe weg wurden sie durch ein Tor auf einen grünumzäunten Platz getrieben, zu beiden Seiten Holzbaracken. «Männer rechts, Frauen und Kinder links, Gepäck ablegen, ausziehen – nackt ausziehen!» Einige junge Männer, ausgezogen oder halb ausgezogen, wurden ausgesondert und mussten sich wieder anziehen. Sie durften als Arbeitsjuden noch eine Weile leben. «Dokumente und Uhren in der Hand behalten!» Die Frauen und Kinder entkleideten sich in einer Baracke, wo den Frauen das Haar geschoren wurde. Dann mussten auch sie ins Freie. Ich stelle mir meine Großmutter vor, inmitten Hunderter anderer Frauen und Kinder, nackt mit ihren siebenundfünfzig Jahren und voller Scham, die Männer nackt auf der anderen Seite des Platzes. Sie schauen einander nicht an. Wenn man den Blick der anderen meidet, ist es weniger schlimm.

Ein SS-Mann erklärt den weiteren Ablauf: Sie würden ein Desinfektionsbad nehmen und dann ab zur Arbeit. – Ein Bad könnten sie gut gebrauchen, sie sind verschwitzt und verdreckt, der Kübel für die Notdurft im Waggon war übergequollen, aber arbeiten in diesem Zustand? Seit vielen Stunden haben sie nichts getrunken. Es bleibt ihnen keine Zeit nachzudenken. Die Männer müssen das mitgebrachte Handgepäck in einer Ecke des Entkleidungsplatzes stapeln. Dann werden sie von den SS-Offizieren zum Laufschritt angetrieben. Alle zusammen, zuerst die Männer, dann die geschorenen Frauen und die Kinder, werden durch den «Schlauch» gescheucht, eine schmale Gasse, zu beiden Seiten gründurchwirkter Stacheldraht, durch den man weder hinein- noch hinaussehen kann. Die SS-Wachen nannten sie zynisch Himmelstraße. An einer kleinen Holzbude mit einem Schalter müssen sie Dokumente, Uhren und Schmuck abgeben. Dann geht es weiter zu einem gemauerten, ebenerdigen Gebäude, der «Dusche». Alles im Laufschritt, damit die Lungen sich weiten und das Gas sein Tötungswerk schneller verrichten kann. Zuerst sind die Männer an der Reihe. Auf den Befehl «Iwan – Wasser!» setzt ein ukrainischer SS-Wachmann die Motoren in Gang. Aus den Duschen strömt nicht Zyklon B wie später in Auschwitz, sondern Auspuffgas. Die Männer trommeln gegen die Wände und schreien. Es dauert zwanzig Minuten, bis sie tot sind. Die Frauen müssen draußen warten, geraten in Todespanik, können ihre Körperfunktionen nicht mehr kontrollieren. Nachdem auch sie in der «Dusche» verschwunden sind, bleibt ein Berg von Exkrementen zurück. Wenn die aufrecht stehenden Leichen von den Arbeitern des Sonderkommandos aus der Todeskammer gezogen werden, sind sie violett verfärbt. In der Anfangszeit kam es manchmal zu technischen Pannen. Dann mussten die dicht aneinander Gepressten halbtot warten, bis die Motoren repariert waren.

Ich hätte meine Großeltern gern kennengelernt. Sie starben ein halbes Jahr vor meiner Geburt. Die letzte Nachricht, die meine Mutter über das Rote Kreuz von ihnen erhielt, stammt aus dem Getto und ist auf den 16. März 1942 datiert. «Wir sind gesund», teilen sie der Tochter in England mit, ihr Bruder sei nun Arbeiter, seine Frau Kellnerin, «Verdienst klein, wir verkaufen alles. Georg besuchte uns, wir denken an euch, erbitten Nachricht.» Georg – das ist mein österreichischer Onkel, der jüngste Bruder meines Vaters und im Krieg zur Wehrmacht eingezogen. Er kam im Jänner 1942 durch Warschau und schickte eine Nachricht ins Getto, dass er die Eltern meiner Mutter sprechen wolle. Angetan mit der erforderlichen Armbinde mit dem Davidstern kam mein Großvater an den Zaun. Mein Onkel fragte ihn, ob er Geld brauche, der Großvater winkte ab. Das Gespräch musste beendet werden, als sich ein Gestapo-Mann näherte. Ob meine Mutter nach dem Krieg mit Georg über diese Begegnung gesprochen hat, weiß ich nicht. Mir hat sie nichts erzählt, ich weiß davon durch meine Cousine.

Meine Mutter hat ihre Mutter das letzte Mal in London gesehen. Im Sommer 1939 machte sie auf einer zweimonatigen Kreuzfahrt dort Station, gemeinsam mit ihrer Schwiegertochter, der Frau meines Onkels. Meine Eltern versuchten, die beiden zu überreden, nicht nach Warschau zurückzukehren, sie wussten, dass die Deut-

schen bald über Polen herfallen würden. Sie sollten
bleiben und ihre Männer nach England holen, koste es,
was es wolle. Doch unvorbereitet alles zurückzulassen,
was sie und ihr Mann ein Leben lang aufgebaut hatten,
auch ihre Bücher, Möbel, Gemälde, das lag jenseits der
Vorstellungskraft meiner Großmutter. In der Nacht vor
ihrer Weiterreise redeten meine Eltern noch einmal auf
sie ein, analysierten die politische Lage, versuchten, sie
umzustimmen. Es half nichts. Einen Monat später mar-
schierte die Wehrmacht in Polen ein.

Von diesem Besuch in London gibt es Fotos. Mutter,
Tochter und Schwiegertochter, alle drei mitten im Sommer mit Hüten, posieren vor den touristischen Sehens-
würdigkeiten der Stadt: St. Paul's, Buckingham Palace,
Tower Bridge, Oxford Street. Die Großmutter trägt eine
weiße Blume am Revers und lächelt in die Kamera.

NOCH BENOMMEN von der Krankheit trete
ich in den Lärm der Autostraße und stapfe durch den
Schnee zur U-Bahn-Station. Ich habe mich in der Innenstadt mit einer Freundin verabredet, bin eine Stunde
zu früh, nach der Fieberzeit begierig, das Haus zu verlassen, die wohlige Süße des Kaffeehauses zu genießen.
Ich bin stolz darauf, überall auf der Welt leben, mich
allen Verhältnissen anpassen zu können, doch überall
auf der Welt fehlt mir das Wiener Kaffeehaus. Wenn
es für mich eine Heimat gibt, dann liegt sie dort, in
einer Atmosphäre von Wärme und Vertrautheit in-

mitten der Anonymität. Der Kellner tut so, als sei ihm mein Wunsch, die Melange und der Topfenstrudel, ein persönliches Anliegen und wahrt doch die gebotene Distanz, lässt mich in Ruhe, drängt mich zu keiner weiteren Bestellung. Auch mit den anderen Gästen komme ich nicht ins Gespräch, es sei denn, ich treffe eine Bekannte, aber auch dann ziehen wir uns nach dem üblichen Austausch der Eckdaten des beruflichen und persönlichen Lebens – immer häufiger die Mitteilung der bevorstehenden oder bereits eingetretenen Pensionierung – an unsere jeweiligen Tische zurück.

Ich lege die Handflächen auf die Marmorplatte, stelle resigniert einen neuen Altersfleck auf meinem linken Handrücken fest und überlasse mich den Kaffeehausgeräuschen. Gedämpfte Gespräche, das Umblättern von Zeitungsseiten, das Klappern von Löffeln gegen Wassergläser, das Aufkratzen der letzten Krümel mit der Kuchengabel vom Teller. Keine Musik, kein Zischen der Kaffeemaschine, kein Rasseln der elektrischen Kaffeemühle, das wie anderswo jedes Gespräch zum Erliegen bringt. Wenn im Bereich zwischen Küche und Gastraum ein Metalltablett scheppernd zu Boden fällt, drehen sich alle erschrocken zu der Lärmquelle hin. Hier bin ich zu Hause, die in Wien verbrachten Jahrzehnte haben mich geprägt. Hier ist es gemütlich, ohne eng zu werden. Hier mischen sich die Menschen, ohne einander nahe zu treten. Keine soziale Schicht, keine bestimmte Personengruppe beansprucht den Ort für sich.

Und es gibt Kaffeehäuser, in denen man noch die

Anwesenheit der Juden spürt, die erhitzt über Kommunismus und Zionismus debattierten, die Witwen aus dem Textilviertel, die sich hier zum Bridge trafen. In manchen Kaffeehäusern gibt es sie auch wirklich, nur debattieren sie nicht mehr über Kommunismus und Zionismus, über Antisemitismus und Israel aber allemal. Alte und Junge, Inländer und Ausländer, Reiche und Arme, Studenten und Arbeiter, sie alle werden vom Kellner mit derselben würdevollen Servilität bedient. So ist es überall dort, wo Starbucks oder eine Bank noch nicht übernommen haben. So war es damals, bevor die jungen Männer anfingen in weißen Stutzen herumzulaufen, dem Erkennungszeichen der illegalen Nazis. Dazwischen liegt der 13. März 1938, als die gaffenden Menschen in Trauben um die Juden standen, die gezwungen wurden, den Gehsteig mit einer ätzenden Flüssigkeit abzuschrubben, und der Oberkellner sich darauf freute, das Kaffeehaus seiner Chefin kostengünstig in arischen Besitz überzuführen.

Als hätte er gewusst, in was für eine Stadt er mit dem Simplon Orient Express gebracht worden war, nahm Paul meinen Eltern die Übersiedlung übel. Nachdem er die ganze Eisenbahnfahrt hindurch getobt hatte, hörte er in den ersten Wiener Wochen nicht auf, seinen Kopf gegen die Wand zu schlagen. Mein Onkel bastelte ihm aus Holz ein Hutschpferd mit zwei Kufen und Griffen zu beiden Seiten des Kopfes. Darauf saß mein Bruder stundenlang und presste seine Kacke in der Windel platt. Das Hutschpferd vermochte ihn zu

beruhigen, dann strahlte er wieder, ein frischgepflückter Apfel, wie unter dem Baum in unserem Garten in
England. Doch ein Jahr später, als wir schon unsere
neue Wohnung mit den weichen Rigipswänden bezogen hatten, schlug Paul wieder mit dem Kopf gegen
die Wand seines Kinderzimmers, immer an derselben
Stelle, bis dort eine Delle entstand.

Für mich waren Abreise, Bahnfahrt und Ankunft
in der fremden Stadt ein Abenteuer, wenn ich vom
Schock des verbotenen Rasens und der fremden
Sprache absehe. An Letztere gewöhnte ich mich nach
wenigen Monaten. Als ich, wegen meines Geburts-
datums im Jänner erst mit sieben Jahren, eingeschult
wurde, war mein Deutsch perfekt, und bald konnte
ich in zwei Sprachen lesen und schreiben. Unsere erste
Einzimmerwohnung empfand ich als aufregend groß,
war ich doch von England die kleinen Räume des Reihenhauses gewöhnt. Vor der Abreise hatte ich meine
Freundinnen und Freunde um mich geschart und mit
Ausnahme meines Pandabären unsentimental mein gesamtes Spielzeug an sie verteilt. In Wien wurde unser
Hausrat auf einem Pferdewagen ins neue Heim gefahren, neben dem Kutscher der Vater mit seinem Klein-
od auf den Knien, der Empire-Baby-Schreibmaschine,
auf der er nach dem Krieg ausführliche Briefe an seine
Wiener Familie geschrieben hatte, sobald der Postverkehr wieder aufgenommen worden war.

Die Schreibmaschine war ein Geschenk meiner Mutter,
gekauft für zehn Pfund in London am 1. August 1940,

zwei Tage vor ihrer geplanten Abreise nach Australien. Da sie nur fünf Pfund an Bargeld mitnehmen durfte, hatte sie ihren kargen Verdienst in Waren umgesetzt, die sie auf ihre zweite Auswanderung mitzunehmen gedachte, darunter die Schreibmaschine und eine Armbanduhr. Das Gepäck lagerte abreisebereit im Flüchtlingsbüro des Innenministeriums. Sie hatte ihren Mann, der bei seiner Abfahrt nur einen kleinen Koffer bei sich hatte, seit über einem Monat nicht gesehen. Am 10. Juli, einem regnerisch kühlen Mittwoch, war er in Liverpool mit mehr als zweieinhalbtausend Männern – allesamt von Großbritannien Internierte – auf dem 16-Tonner «Dunera» mit unbekanntem Ziel in See gestochen. Erst acht Tage zuvor war die «Arandora Star» mit einer ähnlichen Ladung nordwestlich von Irland von einem deutschen U-Boot torpediert worden und gesunken. 661 deutsche, österreichische und italienische Internierte waren ertrunken.

Zu Kriegsbeginn hatten meine Eltern in London vor ein Tribunal treten müssen, das über die Internierung von Staatsbürgern der Achsenmächte entschied. Beide wurden als *refugees from Nazi oppression* anerkannt und von einer Internierung ausgenommen. Doch im Mai 1940 begann die Wehrmacht ihren Eroberungsfeldzug im Westen, und innerhalb weniger Tage kapitulierten die Niederlande, Belgien und Luxemburg. Deutsche Verbände stießen bis an die Kanalküste vor und besetzten weite Teile Frankreichs. In Großbritannien befürchtete man eine deutsche Invasion, und die – egal, aus welchen Gründen – im Land befindlichen Deutschen, Österreicher und Italiener wurden zu inneren Feinden. Die Angst vor einer sogenannten fünften Kolonne prägte ab sofort die britische Flüchtlingspolitik, und eine Internierungswelle setzte ein. Auch *refugees from Nazi oppression*, also Juden und Antifaschisten, wurden jetzt zu *enemy aliens*, feindlichen Ausländern. Und so kam mein Vater im Zuge einer «unvermeidlichen Maßnahme» im Juni 1940 in ein Lager für Männer in einem Vorort von Liverpool, wo ihm so mancher alte Freund aus Wien über den Weg lief. Unter den Internierten waren auch Radiolieblinge aus der Heimat, die sich durch das Londoner Radio im Exil noch größerer Beliebtheit erfreuten. Sie sorgten dafür, dass die Stimmung im Camp besser war, als es die Kriegsnachrichten hätten vermuten lassen. Frauen wurden auf der Isle of Man interniert, konnten sich, in Hotels und Pensionen untergebracht, verhältnismäßig frei bewegen. Meine Mutter blieb von alldem unbehelligt, vermutlich weil sie gebürtige Polin war.

Nachdem die Verheirateten unter den Internierten mittels einer Petition an das *Home Office* die Zusage erwirkt hatten, dass ihre Frauen binnen kürzester Frist würden nachkommen können, meldete sich mein Vater freiwillig für die Reise über die Weltmeere, ohne zu wissen, ob es nach Australien oder nach Kanada gehen würde. Es gab keine Möglichkeit, sich mit meiner Mutter zu beraten, doch hatten sie schon seit ihrer Ankunft in England erwogen, nach Übersee auszuwandern, am liebsten nach Australien, wohin die Schwester meiner Mutter mit ihrem Mann kurz vor Kriegsbeginn emigriert war. Einen Tag vor seiner Einschiffung schrieb mein Vater einen Abschiedsbrief, in dem er, sollte es nach Kanada gehen, um die Nachsendung warmer Unterwäsche bittet und sich zuversichtlich gibt, bald wieder mit meiner Mutter vereint zu sein, «unter glücklicheren Umständen». Als sie diesen Brief erhielt, war er längst auf hoher See.

Die letzten Tage ihres Zusammenseins, die Frühsommertage des Jahres 1940, hatten sie in träger Untätigkeit im Hyde Park verbracht, sich in Liegestühlen gesonnt und in der Serpentine gebadet. Immer wieder waren sie in den vergangenen Jahren getrennt gewesen, doch dieses Mal, so ahnte meine Mutter, würde es länger dauern, und hier sollte sie mit ihrem habituellen Pessimismus recht behalten. Nervös rieb sie die Hände aneinander, während mein Vater versuchte, mit witzigen Geschichten aus ihrer Zeit als Dienstbotenehepaar gute Laune zu verbreiten.

Glückliche Erinnerungen gab es. Schlimm war für meine Mutter nur die erste Zeit in England gewesen, solange sie als Dienstmädchen bei einem «abscheulichen alten Weib» gearbeitet hatte, das, so schien es ihr, Lust daraus bezog, die junge Flüchtlingsfrau zu schikanieren. Über deren Schicksal wusste sie nichts, und sie interessierte sich auch nicht dafür.

«Ja, wieso haben Sie so viele Koffer?», hatte sie meine Mutter gefragt, als diese sich drei Tage nach ihrer Ankunft in London bei ihr meldete.

«Ich hab doch alles mitnehmen müssen.»

Ungläubig schüttelte die Frau den Kopf: «Noch nie habe ich eine Haushilfe mit drei Koffern gehabt.»

Die Köchin des Hauses führte meine Mutter in ihr Mansardenzimmer.

«Wieso ist hier kein Licht?»

«Dienstboten brauchen kein Licht.»

Man gab meiner Mutter sechs Flaschen und Kerzen, die sie in die Flaschenhälse steckte und um sich herum stellte. Wie in einem Katafalk aufgebahrt, lag sie im Bett und weinte.

Von zu Hause her gewohnt, selbst bedient zu werden, war sie auf ihre neue Rolle nicht vorbereitet. Ihre Eltern hatten Personal gehabt, das für die Familie putzte, kochte und bei Tisch servierte. Auch Nähen, das sie später so ausgezeichnet beherrschte, hatte meine Mutter nicht gelernt. Vor der Ballsaison war jedes Jahr die Schneiderin ins Haus gekommen, um ihr eine neue Abendrobe anzumessen. Fließende Gewänder hatte sie getragen, mal lang, mal kniekurz, und Schuhe mit hohen Absätzen, die ihre kleine Gestalt verlängerten. Jetzt bekam sie einmal wöchentlich nachmittags Ausgang und durfte täglich vormittags anderthalb Stunden mit meinem Vater spazieren gehen, vorausgesetzt, ihre Arbeitgeberin kam nicht auf die Idee, ausnahmsweise einmal vor dem Mittagessen aufzustehen.

Mein Vater war am 18. Dezember 1938, nur gut sechs Wochen nach meiner Mutter, mit einem Besuchervisum in London eingetroffen und hatte sich in einer nahegelegenen Pension einquartiert. Dass er überhaupt ein Visum für Großbritannien erhalten hatte, verdankte er seinem polnischen Schwiegervater, der sich schriftlich bei der britischen Botschaft verpflichtet hatte, für den Unterhalt seines Schwiegersohns in England aufzukommen. Mein Großvater, der ein Ehrenmann war, machte allerdings den englischen Beamten darauf aufmerksam, dass die polnischen Devisenbestimmungen es ihm nicht erlauben würden, das Geld auch tatsächlich ins Ausland zu überweisen. «Das geht mich nichts an», antwortete dieser.

Meine Mutter verdiente achtzehn Shilling in der Woche, die sie meinem Vater überließ – sie selbst war ja im Haus versorgt –, und die Köchin schaffte regelmäßig Essen für ihn beiseite. Meinem Vater gefiel London vorzüglich. In seiner reichlich vorhandenen freien Zeit durchstreifte er die Straßen und Parks und staunte wie ein Kind: «Von der Türklinke bis zum Lichtschalter ist alles anders! Das macht anfangs natürlich großen Spaß. Was für ein Leben ist das hier auf den Straßen!» Tagelang saß er in der öffentlichen Bibliothek, um Zeitungen zu lesen und Briefe zu schreiben.

Trotz aller Sklaventätigkeit, wie sie es nannte, musste auch meine Mutter in Briefen nach Wien einräumen, dass ihr das Klima in London gut tat: «Ich kann besser atmen. Es gibt keine Plätze, die verboten sind, und man kann hier sogar ohne Ariernachweis das Gras betreten.»

Wie abzusehen, wurde meine wenig fügsame Mutter bald von ihrer «Alten» entlassen. Erleichtert zog sie in die Pension zu meinem Vater, der eine Arbeitsbewilligung beantragt hatte. Als *married couple*, sie Köchin, er Butler, machten sie sich auf die Suche nach einer Anstellung. An einem bestimmten Tag mussten sie sich an einem bestimmten Ort einfinden, und englische Damen aus der Provinz kamen angereist, um sich ihr künftiges Personal abzuholen. Wie Pferde auf einem Jahrmarkt wurden sie begutachtet. Mit seinem Aussehen hatte mein Vater gute Karten. «*I'll take him*», schallte es begeistert quer durch den Saal.

Anfang 1939 fanden meine Eltern Arbeit in einem aufregenden alternativen Schulprojekt in Norfolk, meine Mutter als Küchenhilfe, mein Vater als Gärtner und «Bauer», der sogar den Umgang mit den drei schuleigenen Pferden erlernte. Auf dem alten Herrensitz bewohnten sie ein großes Zimmer mit Fenstern von der Decke bis zum Fußboden, saßen abends vor dem offenen Kamin auf dem Teppich und lasen oder spielten mit den Kindern. Samstags gab es im Theatersaal Musik und Tanz. In der viertausend Bände umfassenden Bibliothek fand mein lernbegieriger Vater genügend Lesestoff, sein Englisch war mittlerweile schon recht gut. Meine Mutter, die später beharrlich von sich behauptete, eine schlechte Hausfrau zu sein, schaffte es, wenn die Köchin erkrankte, für dreißig Personen zu kochen und ohne zu murren vierzehn bis sechzehn Stunden am Tag zu arbeiten. Das demokratische Modell dieser Schule faszinierte meine linken Eltern. Das gesamte Personal erhielt einen Einheitslohn, einschließlich der Lehrer und des Schulleiters, den es offiziell gar nicht gab, und im Schulplenum waren die Lehrer, die etwa zwei Dutzend Schüler und das Hauspersonal gleichberechtigte Diskussionspartner. Alle sprachen einander mit Vornamen an. Meine Eltern waren glücklich und sehr beliebt. «Das Leben freut mich ganz gewaltig», schrieb mein Vater nach Wien.

Doch schon bald schaltete sich das Arbeitsministerium ein. Meine Mutter sei mit einem Visum eingereist, das ihr ausschließlich eine Tätigkeit in einem privaten Haushalt erlaube. Ihre Anstellung in der Schule entspreche nicht dieser Bedingung. Weder die nachdrückliche Bitte des Schulleiters, der klagte, keine ebenso tüchtige englische Kraft finden zu können, noch die Intervention eines Parlamentariers konnten das Ministerium umstimmen: «Wir können von unserer bereits eingenommenen Haltung nicht abweichen.» Ausländer hatten in Großbritannien unabhängig vom Grund ihres Aufenthalts kein Anrecht auf eine reguläre Arbeitserlaubnis. (Wie bekannt das klingt!)

Im Juli 1939 waren meine Eltern wieder Butler und Housemaid auf einem Landsitz in den Hügeln von Wiltshire in Südengland. Meine Mutter musste die Wohnräume sauber halten, mein Vater war für den Billardraum zuständig und servierte bei Tisch. Als Arbeiterkind hatte er keine Ahnung, wo neben dem Teller Fischmesser und Dessertlöffel zu liegen hatten. Meine bürgerliche Mutter fertigte ihm eine Zeichnung an. Es ging ihnen dort nicht schlecht. Rund um das prachtvolle Gebäude nichts als Rasen und Schafherden, Herrschaftsgüter mit üppigen Gärten und altenglische Landhäuser mit Strohkapuzen. An ihren freien

Tagen unternahmen sie Ausflüge nach Shaftsbury und Salisbury, und mein Vater schwärmte in einem Brief an seinen Vater vom wunderbaren Geschmack der englischen Butter.

Bald nach Kriegsbeginn musste mein Vater seine geliebte Voigtländer-Kamera bei der Polizei abgeben, die letzten Schwarzweißfotos des Dienstbotenehepaars wurden vor dieser Zeit aufgenommen. Mein Vater knöpfte sich für die Aufnahme das Sakko zu, wodurch man erkennen kann, dass er in seinen Rocktaschen eine Menge Sachen verstaut hatte. Seine Hose ist zerbeult und bodenscheu. Meine Mutter sieht hübsch und adrett aus wie immer. Über ihrem geblümten Sommerkleid trägt sie eine weiße Trachtenjacke, um die schlanke Taille ein Bändchen mit Bommeln. Mein Vater überragt sie um Kopfeslänge und legt ihr beschützend den Arm um die Schultern. Neben ihm sieht sie aus wie ein Schulmädchen. Immer noch schauen sie glücklich aus, doch mit der Zeit wurde ihnen das Leben auf dem Land zu monoton.

Im März 1940 ergab sich für meine Mutter, durch Freunde vermittelt, die Chance, für einen Londoner Goldschmied eine Kollektion anzufertigen. Die Sache zerschlug sich wieder, schließlich war Krieg, doch meine Mutter blieb in London, und zwei Monate später kam mein Vater nach. Für kurze Zeit lebten sie von dem, was vom Geld meines polnischen Großvaters übrig geblieben war. Dann änderte sich die politische Lage, sie wurden zu *enemy aliens*, die Internierung und eine Deportation nach Übersee drohten. Doch während andere Emigranten sich davor fürchteten, verbanden meine Eltern damit die Hoffnung auf einen neuen Anfang. Meine Mutter würde ihrem «Jungen» folgen, wohin auch immer es ihn verschlug, so viel stand fest. Mit ihrer Liebe würden sie alles überstehen und nach dem Krieg gemeinsam eine neue Welt aufbauen.

Zwei Wochen nach Abreise der «Dunera», die ohne Anwesenheit der Presse in aller Heimlichkeit erfolgte, erhielt meine Mutter ein Schreiben vom *German Emergency Committee* der Quäker. Man habe die offizielle Mitteilung erhalten, dass sich ihr Mann auf dem Weg nach Australien befinde und sie ihm innerhalb weniger Tage nachreisen könne, weshalb sie umgehend ihr Gepäck ins Flüchtlingsbüro des Innenministeriums bringen solle. An Schmuck dürfe sie ihren Ehering, eine Brosche und ein weiteres Stück mitnehmen, sofern es den Wert von fünf Pfund nicht überschreite. In großer Eile begann meine Mutter mit den Vorbereitungen, doch aus der Abreise wurde nichts.

«Ich versichere Ihnen, dass ich ohne Unterlass alles in meiner Macht Stehende tue, um die Angelegenheit zu beschleunigen, damit Sie möglichst bald mit Ihrem Mann vereint sind», schrieb ein Beamter des Innenministeriums auf ihre wiederholte Nachfrage.

Bevor sie offiziell von der glücklichen Landung der «Dunera» am 6. September 1940 in Sydney in Kenntnis gesetzt wurde, hatte mein Vater, was sie nicht wusste, im Bauch des heillos überladenen Schiffs den Angriff eines deutschen Torpedos überlebt, der, wäre er kein Blindgänger gewesen, den sicheren Tod der unter Deck hinter Stacheldraht eingeschlossenen Internierten bedeutet hätte. Er war wie alle anderen seekrank gewesen, hatte die ekelhafte Verpflegung hinuntergewürgt und war vom britischen Personal misshandelt worden – etwa dreihundert schlechtausgebildete Soldaten, zum Teil auf Bewährung freigelassene Strafgefangene, die sich bereits bei der Einschiffung hemmungslos aus dem Gepäck der Passagiere bedient hatten.

Die hygienischen Bedingungen waren katastrophal, Latrinen und Duschräume blieben nachts geschlossen und wurden auch tagsüber nur für zwei Stunden geöffnet. Die auf den Fußböden aufgestellten Eimer quollen über, von den oberen Decks tropften Urin und Erbrochenes nach unten. Wenn die Luken geöffnet wurden, standen die Männer Schlange, um für kurze Zeit frische Luft zu atmen. Zwei Männer starben auf der Reise, einer davon sprang während des Deckgangs über Bord.

Dass sie kein weiteres Mal torpediert wurden und nicht wie die «Arandora Star» sanken, hatten sie einem Missverständnis zu verdanken. Als die deutsche U-56 nach dem misslungenen Torpedo-Angriff am nächsten Morgen auftauchte, sichtete die Besatzung Gegenstände, die auf der Wasseroberfläche trieben: Gepäck der Deportierten, das über Bord gegangen war, als die «Dunera» den feindlichen Schlägen im Zickzackkurs auszuweichen versuchte. In den Koffern waren Briefe und Manuskripte in deutscher Sprache.

Die deutsche U-Boot-Flotte wurde benachrichtigt, dass das Schiff deutsche Kriegsgefangene an Bord habe, und der Befehl ausgegeben, sämtliche weiteren Angriffe zu stoppen.

«Freund, was schaust du in die Wellen / Suchst du einen Haifisch dort? / Brauchst dich gar nicht hinzustellen / Denn der Haifisch ist an Bord», dichtete einer der Passagiere. Während die Kriegsgefangenen auf dem Vorderschiff nach der Genfer Konvention anständig behandelt wurden, waren die Gefährten meines Vaters für die Besatzung nichts als «Saujuden» und Kommunisten, die keine bessere Behandlung verdienten. Der Befehlshaber des Schiffes machte kein Hehl aus seiner antisemitischen Einstellung: Am liebsten waren ihm die disziplinierten deutschen Nazis (die Kriegsgefangenen also), nach ihnen, schon weit abgeschlagen, die Italiener. Am wenigsten leiden konnte er die Juden, die hielt er allesamt für arrogante und aufsässige Spione und Kommunisten. Lieutenant-Colonel Scott und sein Oberleutnant wurden später vor ein britisches Militärgericht gestellt.

Allmählich dämmerte den im Ungewissen gehaltenen Deportierten, dass sie Kanada vergessen konnten. Als die Soldaten ihre Tropenhelme auspackten, wurde ihnen klar: Es ging nach Süden, nach Australien, wohin die Briten schon im 19. Jahrhundert missliebige Elemente verschifft hatten. Meinem Vater war es recht, und mit Interesse verfolgte er die weiteren Stationen seiner Weltreise. In Kapstadt begleiteten riesige Albatrosse mit schwarzgeränderten Flügeln das Schiff in den Hafen, und er konnte sich davon überzeugen, dass der Tafelberg genau so aussah, wie er es im Geographieunterricht gelernt hatte.

Im Indischen Ozean aß er zusammen mit Wissenschaftlern, Rabbinern, Schriftstellern, Fabrikanten, Arbeitern, Schülern und Schauspielern auf asiatische Art mit geschnitzten Holzstäbchen, weil ein in praktischen Dingen unerfahrener Intellektueller nach dem Spülen das Wasser samt Besteck ins Meer geschüttet hatte.

«Das Bild, das unsere großen überfüllten Unterkunftsräume boten, hätte von den phantasievollsten Regisseuren Hollywoods nicht überboten werden können», schrieb er nach Kriegsende der Familie nach Wien. «An die hundertfünfzig Hängematten pendelten über einer Nachtasyl-Szenerie von hundert auf Tischen, Bänken und auf dem Fußboden Schlafenden. Jedes Stückchen Raum über Kopfhöhe war mit Wäsche zum Trocknen verhängt, und das Schlaforchester von zweihundertfünfzig Menschen mischte sich mit dem lärmenden Anprall der Wogen gegen die Bordwand.»

Die unrasierten, völlig verdreckten und ausgehungerten Männer müssen bei ihrer Ankunft in Sydney einen verheerenden Eindruck auf die australische Presse gemacht haben, die eigentlich gekommen war, um über die Ankunft von Nazis zu berichten. «Als sie aus dem Sonnenlicht in die Abteile verschwanden, schauten sie aus wie Karikaturen gefährlicher Verschwörer. Einige runzelten die Stirn und blickten finster durch die Waggonfenster», schrieb der «Sydney Morning Herald». Doch während der achtzehnstündigen Bahnfahrt von Sydney ins Innere von New South Wales machten sie den australischen Bewachern klar, dass die meisten von ihnen Juden, aktive Antifaschisten und Flüchtlinge waren. «*Oh, that's different*», lachten die Soldaten, warfen ihre Waffen ins Gepäcknetz und warnten die Männer vorsorglich, dass der Ort, der sie erwartete, die Vorstufe zur Hölle sei, bis zu fünfzig Grad Celsius tagsüber und in der Nacht Kälte. Sandstürme, Regengüsse, Mücken. «*Hell is hot, but Hay is a hell of a lot hotter*», witzelte man in Australien.

Und so war es. Nach einem zwanzigminütigen Fußmarsch, während dem ein Sandsturm über sie hinwegzog, erreichten sie in der Nähe der Kleinstadt Hay ein von drei Reihen Stacheldraht umzäuntes, eilig aufgestelltes Barackenlager. Insbesondere die Juden, die bereits ein deutsches Konzentrationslager hinter sich hatten, konnten sich schwer damit abfinden.

Doch schon bald machten sich die Politischen daran, das Lagerleben zu strukturieren. «Das Lager – die größte Ansammlung von Intellektuellen auf einem Platz in der östlichen Hemisphäre – war kulturell und organisatorisch eine Sehenswürdigkeit», fasste mein Vater zusammen. Vier Wandzeitungen, ein Lagerparlament, das manchmal bis drei Uhr früh tagte, um unterschiedliche ideologische Positionen zu diskutieren, drei Theatertruppen mit Schauspielern von den besten Bühnen Deutschlands und Österreichs, eine Volksuniversität mit Vorlesungen in mehreren Disziplinen, eine Schule, in der man auch Chinesisch und Hebräisch lernen und die Matura ablegen konnte.

Das Geld für all diese Aktivitäten kam von den Insassen selbst, die Lagerverwaltung sorgte nur für Uniform, Unterkunft und Verpflegung. Jeder, der in England Geld auf der Bank hatte, konnte es nach Australien überweisen lassen und, wenn er wollte, der Allgemeinheit zur Verfügung stellen. Ein millionenschwerer Besitzer von Kupferminen in aller Welt stellte zehntausend Pfund Sterling bereit. Damit wurde das Lagergeschäft, *Canteen* genannt, mit Waren bestückt. Die konnte sich kaufen, wer Geld hatte, und Geld verdiente man auch durch Arbeit, jeder in seinem Bereich. In der ersten Woche betrug die Bezahlung wöchentlich einen Shilling, egal, ob als Zahnarzt oder als Putzmann für die Latrinen. Eine Sozialsteuer auf Luxusartikel ermöglichte es selbst Mittellosen, sich ein Eis oder eine Ananas zu kaufen. Die Differenz zwischen Ein- und Verkaufspreis kam den Gemeinschaftseinrichtungen des Lagers zugute. Für die Finanzgeschäfte gab es einen kompetenten Mann: den ehemaligen Direktor der Bayerischen Hypotheken- und Wechselbank.

Mitten im Outback wurde Geld verdient und ausgegeben, wurden Operationen durchgeführt, Zeitungen verlegt (eine davon hieß «The Boomerang»), Revuen inszeniert, Gottesdienste in verschiedenen Religionen abgehalten, Gedichte rezitiert, Bilder gemalt und Symphoniekonzerte gespielt, zu denen Australier aus weiter Entfernung angereist kamen.

Etwa dreihundert Lagerinsassen erklärten sich als jüdisch-orthodox und verlangten koscheres Essen. Schließlich wurde einem sachkundigen Internierten

erlaubt, regelmäßig in Begleitung bewaffneter Wachen
ins Städtchen zu fahren, um dort, von zwei Rabbinern
beaufsichtigt, Lämmer, Schafe und Kälber nach dem
jüdischen Gesetz zu schlachten. Im Camp gab es eine
koschere Küche mit getrennten Kochgeräten für Milchiges und Fleischiges und eine Jeschiwa.

In London hatte der Blitz begonnen. Ab dem 7. September 1940 wurde die Stadt fast zwei volle Monate
hindurch Tag und Nacht bombardiert. Zuerst heulten
die Sirenen, dann fegte in Abständen von zwei Minuten
Welle um Welle der deutschen Luftwaffe über die Bewohner hinweg. Die Briten schossen zurück, der Lärm
war unbeschreiblich. Wer es wagte, nachts aufs Dach
zu steigen, sah den Horizont von brennenden Gebäu-
den erleuchtet. Ganze Bündel von Brandbomben fielen vom Himmel, schienen grell auf, zersplitterten im
Fallen in weißglühende Punkte, die, wo immer sie auf-
schlugen, lodernde Brände entfachten oder von unbe-
kannten Helden mit Sandsäcken erstickt wurden. Wer
konnte, rettete sich in eine U-Bahn-Station.

Inmitten dieses Infernos wartete meine Mutter mit
wachsender Verzweiflung auf ihre Abreise nach Übersee. «Ich bin so grenzenlos einsam auf dieser Welt, wo
aus dem Himmel der Tod regnet», schreibt sie in einem
Brief, der meinen Vater erst ein Vierteljahr später erreichen wird. «Wenn du bei mir wärest, würde ich mich
nicht fürchten. Ich bin sehr müde, mager und hässlich,
weil ich seit zwei Wochen kaum schlafe.»

An die neunzig Briefe, die zwischen England und

Australien und später zwischen England und der Isle of Man hin und her gingen, sind erhalten geblieben. Paul hat sie aufbewahrt.

Meine Mutter kam bei Freunden unter, Emigranten wie sie. Wegen der ständigen Bombenangriffe lagen ihre Nerven blank. Das Kopfhaar begann ihr büschelweise auszufallen, und der Arzt empfahl ihr, aus London wegzuziehen. Schließlich fand sie eine Unterkunft in der Grafschaft Hertfordshire nördlich von London, wo es allerdings noch gefährlicher war, weil es keine Bunker gab. Sie begann, sich nach einer neuen Anstellung umzusehen, eine Ausreise nach Australien wurde unter den herrschenden Bedingungen immer unwahrscheinlicher. Stück für Stück holte sie das eingelagerte Gepäck zurück. «Das Leben hier ist wie Roulette, die Kugel bleibt irgendwo stehen, und das war's dann», schreibt sie Mitte Oktober 1940.

«Ich habe viel Zeit, mir Sorgen zu machen», schreibt mein Vater zehntausend Meilen entfernt zur selben Zeit. «Solange du nicht bei mir bist, werde ich keine ruhige Stunde haben.»

«Uns verbindet eine Idee, der Kampf um die Freiheit gibt mir Hoffnung auf eine bessere Zukunft», schreibt meine Mutter, die wieder einen Job in Aussicht hat.

Mein Vater erledigt in der *Canteen* des Lagers Buchhaltungsarbeiten, um Geld zu verdienen und sich die Zeit zu vertreiben. Bei Geschäften in Sydney und anderswo bestellt er, was die Lagerbewohner benötigen, darunter viele Bücher. Von dem unmittelbar 1940 erschienenen Penguin-Taschenbuch «The Internment of Aliens» lässt er hundertfünfzig Stück liefern, und öffentliche Lesungen werden veranstaltet. Alle wollen wissen, was der junge engagierte Autor F. Lafitte über die Internierung der «falschen Menschen» zu sagen hat.

Täglich liest mein Vater in der Zeitung von den Geschwadern der Luftwaffe über London und fragt sich, wie seine Frau wohl die vergangene Nacht überstanden hat. Er macht sich schwere Vorwürfe, sich freiwillig zur Deportation gemeldet zu haben. «Denk immer daran, dass es jemanden gibt, dessen Leben ohne dich sinnlos wäre», versucht er, sie zu trösten.

Im November hat meine Mutter wieder Arbeit, in einem Herrenhaus in der Kleinstadt in Hertfordshire, in der ich später geboren werde. Sie räumt auf, kocht und spült. «Manchmal glaube ich, dass ich sterben muss vor Sehnsucht nach dir.» Die Stadt ist nicht weit von London entfernt, nachts schrecken Luftalarm und Flak sie auf, sie hört die deutschen Flugzeuge über sich hinwegfliegen. Aber sie wird gut behandelt, besser als bei manchem ihrer früheren Jobs. Ihre Englischkenntnisse verbessern sich merklich, sie schreibt ihrem «Jungen» nun in der zweiten Fremdsprache, die sie innerhalb weniger Jahre erlernt hat. Auf eine direkte Antwort muss sie sechs Monate warten.

«Bist du gesund?», fragt sie. «Hast du abgenommen? Ich habe gestern mein erstes graues Haar entdeckt und es in großer Sorge ausgerissen. Ich möchte mich nicht verändern, bevor ich dich wiedersehe. Ich hätte nicht gedacht, dass die menschliche Natur in der Lage ist, sich so rasch an neue und schreckliche Umstände zu gewöhnen. Wir haben darüber während des Spanischen Bürgerkriegs gelesen, jetzt wissen wir es. Aber mach dir keine Sorgen. Hitler hat mich in Wien nicht erwischt, und es wird ihm auch hier nicht gelingen.»

Ende 1940 erhält sie vom *Home Office* ein Schreiben, in dem ihr mitgeteilt wird, dass die australische Regierung nicht bereit sei, die Frauen und Kinder von Internierten aufzunehmen. «Jetzt wissen wir es», schreibt meine Mutter. «Schade, dass wir es nicht schon vor ein paar Monaten gewusst haben.»

Allmählich klingen ihre Briefe weniger verzweifelt. «Darling, mach dir keine Sorgen um meine Nächte», schreibt sie Anfang Jänner 1941 auf der Empire Baby. «Ich verbringe sie in einem bequemen Bett im Erdgeschoss (was als sicherer gilt) mit einer Wärmflasche. Die einzige Unannehmlichkeit ist, dass du nicht bei mir bist. Das ist zwar unangenehm, aber nicht gefährlich. Ich tippe sehr langsam. Ich hoffe, du wirst eines Tages viel Spaß mit deiner kleinen Schreibmaschine haben. Sie gehört dir. Wenn wir wieder zusammen sind, wirst du keine Zeit für mich haben, weil dein ganzes Interesse der Schreibmaschine gelten wird. Ich verwende sie nicht oft, um sie in gutem Zustand für dich aufzubewahren.»

Ende Jänner überlegt mein Vater, um seine Entlassung anzusuchen und nach England zurückzukehren.

«Das Leben, das ich führe, ist kein Leben. Es besteht nur aus Warten, Warten auf dich, Warten auf den Frieden, Warten auf eine normale Arbeit, War-

84

ten auf ein Heim», schreibt meine Mutter zur selben Zeit. «Ich habe keine Ahnung, was mit meinen Eltern in Warschau ist, seit einem Jahr weiß ich nichts von ihnen. Ich höre von den Gräueltaten der Gestapo in Polen und mache mir große Sorgen. Wer wird noch am Leben sein, wenn der Krieg vorbei ist?» Und in jedem Brief die Nachfragen: «Hast du meinen Brief vom soundsovielten erhalten?», «Warum schreibst du so selten?», «Ich weiß nicht, ob dich meine Briefe erreichen.» Andauernd kreuzen sie sich, und viele gehen verloren. Einmal werden sie über New York geschickt, ein anderes Mal über Südafrika. Mit Luftpost ist es schneller, aber teuer, beide können sich das nur selten leisten.

Tagsüber hält mein Vater sich im Büro auf, erst abends, wenn es kühler wird, geht er hinaus in das staubige Areal, in dem kein einziger Grashalm wächst, und dreht seine Runden. «Dieses ziellose und sinnlose Herumirren ist symbolisch für unser Leben.» Nachts teilt er seine Hütte mit siebenundzwanzig Männern. «Ich bin hier in Australien, du bist in Europa, wie ist das alles passiert, wie bin ich hierhergekommen? Es erscheint mir alles so irreal.» Er denkt über eine Transmigration in die Vereinigten Staaten nach. Ob meine Mutter sich um ein Affidavit kümmern könne? Jeden Abend schaut er sich den Sonnenuntergang an, bis die Konturen des fernen Eukalyptuswaldes in der Dunkelheit verschwinden und die Sterne des Südkreuzes am Himmel erscheinen. Tagsüber fliegen Papageien über das Lager. Es ist sehr heiß. Einmal gibt es einen Sandsturm, der den Tag in Nacht verwandelt und mit einem tropischen Regenguss endet. Die Männer applaudieren wie Kinder in einem Theater.

Die meisten der Internierten wollen nur eins: den Alliierten mit ihren Fähigkeiten und Kenntnissen im Kampf gegen Hitler dienen. Sie nehmen ihre Internierung nicht widerspruchslos hin, bombardieren die britischen Behörden mit Beschwerden und Petitionen. Auch die britische Presse nennt die Deportationen nach Übersee einen «Skandal». London reagiert und schickt zur Sondierung der Lage einen Abgesandten nach Australien. Ungeduldig warten alle auf Major Layton.

«Ich bin jetzt 31, die schwere Arbeit und die Sorgen machen mich nicht jünger», schreibt meine Mutter. «Manchmal denke ich, wie enttäuscht du sein wirst, wenn wir uns wiedersehen. Ich möchte noch nicht alt werden.»

«Es ist mir bewusst, dass du es viel schwerer hast, aber ich muss dir sagen, dass das Leben auf begrenztem Raum auch nicht leicht ist. Ich bin oft recht deprimiert», schreibt mein Vater im April 1941. «Wofür ist das alles? Es hat doch keinen Sinn.»

Endlich trifft Mr. Layton ein. Er informiert sich gründlich und erklärt die Lebensumstände im Lager für «gänzlich unangemessen». Die Verheirateten dürften nach England zurückkehren, sobald sich Platz auf einem Schiff finde. Die anderen würde man nach Tatura im Bundesstaat Victoria verlegen, wo zuträglichere klimatische Bedingungen herrschten. Viele der jüngeren Männer treten bald darauf in die australische Armee ein, allerdings dürfen sie, nunmehr *friendly enemy aliens*, keinen Dienst mit der Waffe leisten.

«Schade, dass ich kein Kind habe», schreibt meine Mutter Mitte Mai, «dann hätte ich einen Teil von dir bei mir. Wenn ich nicht zu alt bin, kann ich ja noch eines bekommen.»

«Ich frage mich oft, ob es uns erlaubt sein wird, ein Baby zu haben», träumt mein Vater zur selben Zeit. «Vielleicht ist es lächerlich, in diesen schrecklichen Zeiten auch nur daran zu denken, aber ich bin überzeugt, dass wir eine bessere Zukunft vor uns haben, in der es Frieden geben wird.»

Der nächste Brief meines Vaters kommt schon aus England. Seit dem 2. Juli 1941 ist er im Camp P auf der Isle of Man interniert.

Die Rückreise auf dem Luxusdampfer «Largs Bay» bezeichnet er später als den Höhepunkt seines bisherigen Lebens. Als das Schiff aus dem in der Sonne glitzernden Hafen von Sydney auslief, wo auch die «Queen Mary» vor Anker lag, standen sämtliche Passagiere – Engländer, Australier, Neuseeländer, Franzosen und die kleine deutsch-österreichische Rückkehrergruppe – auf den höchsten Decks, die Mannschaft auf Strickleitern und Masten, um das Schauspiel zu bewundern. Diesmal ging es um Südamerika herum über Kanada und Neufundland nach Europa. Mein Vater genoss die Reise in vollen Zügen, nur ein Torpedoangriff hätte seine täglichen Gewohnheiten unterbrechen können. Ein Spaziergang vor dem Frühstück, eine Partie Decktennis danach, Ruhe bis zum Mittagessen, Lektüre im

Liegestuhl, bei großer Hitze mit Tropenhelm, eine Partie Schach nach dem Abendessen, dann zum Konzert an der Bar – und in den Häfen Tanz im Freien auf dem Deck. Als das Schiff die Datumslinie überquerte, hörte das kleine Grüppchen der Rückkehrer, eben hatten sie noch eine auf dem Schiff konzipierte «Non-Stop-Variety-Show» aufgeführt, im Radio vom Überfall Hitlers auf die Sowjetunion. An diesem Abend gab es Consommé au Riz, Poached Kingfish mit Sauce Hollandaise, Leeks au Gratin, Cumberland Pudding mit Vanillesauce, den Kaffee nahmen sie im Raucherzimmer ein.

Ab Curaçao wurden die Passagiere, Soldaten wie Zivilisten, auf den Krieg vorbereitet. Am Morgen bekam jeder von ihnen ein Rettungsboot zugewiesen, alle mussten sich auf ein gegebenes Signal versammeln, den Rettungsgürtel anlegen und Anweisungen für den Ernstfall entgegennehmen. Im kanadischen Halifax formierte sich ein Konvoi aus siebzig Schiffen zur Überfahrt nach Europa, Frachter und Tanker aller Größen, der Luxusdampfer und einige Fregatten, eine schwimmende Stadt aus Schloten und Masten. Die kleinen beweglichen Fregatten umkreisten in großer Geschwindigkeit den Konvoi, hielten Ausschau nach U-Booten und befahlen gelegentlich Umgruppierungen. In den berüchtigten Nebelbänken von Neufundland konnte man drei Tage lang die Hand nicht vor Augen sehen. Die Schiffe blieben durch ein System akustischer Signale in Verbindung, die Tag und Nacht jede Minute ertönten. Dem ersten britischen Zerstörer, der ihnen entgegenkam, wurde ein stürmischer

Empfang bereitet. Britische Kampfflugzeuge stiegen auf und umkreisten den Konvoi, bis er in Glasgow ans Ziel kam. Doch für meinen Vater und seine Gefährten war die Reise noch nicht zu Ende.

«Welcome back to Great Britain!», wurden sie kurz darauf in einer Sonderausgabe der Lagerzeitung auf der Isle of Man begrüßt. Dass sie es geschafft hätten, sicher in Großbritannien zu landen, sei das Wichtigste. «In den ersten Tagen oder Wochen (beten wir, dass es nicht Monate dauert) werdet ihr euch allerdings auf diesem kleinen Stück Land aufhalten müssen, von wo aus die britische Küste nur an den seltenen Tagen zu sehen ist, an denen die Luft und das Licht klar sind. Großbritannien ist es trotzdem. Schon bald werdet ihr euch dort, auf der größeren Insel, frei bewegen können, einer Insel mit Männern und Frauen, an deren Küsten der Stacheldraht gegen den wahren Feind errichtet wurde, gegen den Eindringling, den auch ihr werdet bekämpfen helfen.» Den Internierten stehe eine Sprachschule und eine Technische Schule zur Verfügung, in denen die Lagerzeit sinnvoll genutzt werden könne. Und wenn sie auch mit ihnen hofften, ihr Aufenthalt werde von kurzer Dauer sein, so freuten sich die alten «Insassen» auf den kulturellen Beitrag, mit dem die Neuen das Lagerleben bereichern würden.

Um den Ankömmlingen die neuerliche Internierung zu versüßen, führte die Theatergruppe des Camps P schon am folgenden Tag ihnen zu Ehren «Thunder Rock» auf, ein Stück in drei Akten des Hollywood-Drehbuchautors Robert Ardrey.

Meine Mutter arbeitete mittlerweile in einer Fabrik an der Drehbank und bemühte sich, dort auch eine Anstellung für meinen Vater zu finden, die Voraussetzung für seine Freilassung aus der Internierung. Ihr Chef, der mit seiner Arbeiterin sehr zufrieden war, stellte ihm eine schwere körperliche Arbeit in Aussicht, von acht Uhr früh bis acht Uhr abends. Ab nun überstürzen sich die Briefe.

«Ich fürchte mich nicht vor schwerer Arbeit», schreibt mein Vater, «das Einzige, was ich fürchte, ist, dass ich Nachtschicht habe und du Tagschicht, sodass wir uns gar nicht sehen können.»

Meine Mutter schuftet täglich zehn Stunden an der Maschine und ist erschöpft. Zu wissen, dass mein Vater in England ist und sie ihn immer noch nicht sehen kann, zerrt an ihren Nerven. Sie unternimmt alles Menschenmögliche, um ihn aus der Internierung herauszubekommen, aber die englische Kriegsbürokratie ist schwerfällig. Obwohl es um eine Tätigkeit in der kriegswichtigen Industrie geht, lässt die Arbeitsbewilligung monatelang auf sich warten.

«Ich vermisse dich wie nie zuvor», schreibt sie Mitte Dezember 1941. «Als ich wusste, dass du weit weg warst, habe ich versucht, damit fertig zu werden und bei Laune zu bleiben. Doch seit die Hoffnung zurückgekehrt ist und ich nur noch warte, ist alles viel schlimmer geworden. Ich bin so müde und nervös, dass ich weder schlafen noch essen kann. In einer solchen Stimmung macht man vieles falsch.»

Gleichzeitig bereitet sie alles für seine Ankunft vor,

mietet zwei Zimmer, von denen sich das Schlafzimmer als unbewohnbar erweist, weil Wasser von den Wänden läuft. Der zweite Raum ist düster und riecht nach Moder. Sie versucht, etwas anderes zu finden, doch als die Vermieterin von der Internierung meines Vaters hört, winkt sie ab.

Der letzte Brief meiner Mutter hat den vorwurfsvollen, weinerlichen Tonfall, den ich aus späteren Jahren von ihr kenne. «Jetzt bin ich zu müde, um noch etwas Neues zu versuchen. Ich möchte nur wissen, ob du kommst oder nicht, denn für mich allein brauche ich nur ein Zimmer.» Ihr Arbeitgeber warte mit Ungeduld auf den dringend benötigten neuen Mitarbeiter, rechne aber schon gar nicht mehr mit ihm, schreibt sie. Allmählich glaube jeder, dass mit meinem Vater etwas nicht in Ordnung sei, weil die Arbeitsbewilligung so lange auf sich warten lasse. «Sie fangen schon an, mich misstrauisch zu beäugen. Meine Lage ist schlimmer als deine und paradox, ich habe doch als Polin nichts mit den Deutschen zu tun. Darling, die Welt ist gegen uns, mir ist es schon egal, ob ich am Leben bleibe. Vor mir liegt eine dunkle Zukunft, ich werde immer allein sein. Niemand ist da, um mir zu helfen, mich zu stützen, mich aufzufangen. Ich kann einfach nicht mehr. Ich arbeite zehn Stunden am Tag, schlafe und esse kaum. Nur die Nerven halten mich auf Trab. Die vielen Aufregungen der vergangenen Jahre beginnen sich auszuwirken. Schau auf dich und versuch, alles alleine zu regeln. Vergiss einfach, dass es mich gibt, ich glaube nicht mehr daran, dich jemals wiederzusehen.

Ich mag deine Briefe, ich selbst sollte aber nicht mehr schreiben, denn ich mache dir damit keine Freude. Ich habe mich in diesen achtzehn Monaten sehr verändert, ich habe zu viel Grausamkeit, Ungerechtigkeit, Einsamkeit erlebt. Ich bin müde wie ein gehetztes Tier in einem fremden Land, immer in der Defensive, obwohl ich mich ständig bemühe, in die Offensive zu gehen. Ich habe keine Wünsche mehr, keine Ambitionen. Ich kann niemanden leiden. Ich bin so erschöpft, dass es mir schon nicht mehr normal vorkommt. Vielleicht werde ich wieder die Alte sein, wenn du bei mir bist. Ich könnte stundenlang in deinen Armen weinen, dann ginge es mir besser. Aber du wirst nie kommen. Unser Schicksal ist Trennung. Egal, welches Land, welche Regierung, alle scheinen nur darauf aus zu sein, uns zu trennen. Ich denke, es reicht. Vielleicht lassen sie dich frei, wenn ich krank werde. Es ist ein Uhr nachts, und ich muss morgen wieder arbeiten. Ich kann nicht schlafen. Meine Gedanken schwirren, wechseln zwischen tiefer Trauer und loderndem Hass. Mach dir keine Sorgen wegen Weihnachten. An einem Tag werde ich arbeiten, und den anderen werde ich schon irgendwie zubringen. Denk nur noch an dich. Man muss egoistisch sein in dieser grässlichen Welt. Ich liebe dich so sehr, Darling.»

Anfang Jänner 1942 darf mein Vater endlich nach Hause und tritt unverzüglich seine Stelle an einer Maschine zum Härten von Werkzeugen an. Meine Mutter hat im selben Haus zwei andere, trockene und weniger düstere Zimmer gemietet und sie für die Rückkehr ihres «Jungen» wohnlich eingerichtet.

Ein Jahr später werde ich geboren. Sie haben es geschafft. Nun gibt es eine richtige Familie. Ein Heim. Eine feste Arbeit. Ein Kind.

ICH FAHRE mit der Straßenbahn stadtauswärts, will noch einmal in die verlassene Wohnung, ehe ich nach Berlin zurückkehre. Eine große Tasche habe ich dabei, um mitzunehmen, was mir an Dokumenten und wertvollen Dingen in die Hände fällt. Die eigentliche Aufräumarbeit werde ich später erledigen, in ein paar Monaten vielleicht. Noch will ich Pauls Auftrag nicht ausführen. Wer weiß.

Die Straßenbahn klingt anders als damals, als die Türen noch offen standen und man auf den fahrenden Zug aufspringen konnte. Es roch nach dem schwarzgeölten Holzboden, und wenn die Bahn quietschend um die Kurve fuhr, tat es in den Ohren weh. Der Schaffner zog an einem an der Wagendecke entlangführenden Lederband, und das löste ein elektrisches Klingelzeichen aus, um zu zeigen, dass sein Wagen abfahrbereit sei. Die Haltegriffe waren ebenso aus Leder, viel zu hoch für ein Kind, das, dem Ersticken nah, den dichtgedrängten Menschen nur bis zur Brust reichte. Dann schob sich noch der Schaffner durch und zwickte mit der Zange ein Loch in den Fahrschein. Auch für einen Hund und ein Gepäckstück musste man zahlen. Hund oder Gepäck stand auf dem entsprechenden Fahrschein, abgekürzt HOG, was auf Englisch Schwein heißt. Meinen Vater amüsierte das.

Kinder mussten Erwachsenen ihren Sitzplatz damals unaufgefordert abtreten. Doch meine Eltern hatten mir einen Sinn für Gerechtigkeit anerzogen, bei aller Schüchternheit besaß ich auch etwas Widerständiges, und das zeigte sich, wenn andere ungerecht behandelt wurden. «Danke schön!», sagte ich laut in einem ironischen Tonfall, als ein englischer Freund in der Straßenbahn seinen Sitz geräumt und kein Wort des Dankes zu hören bekommen hatte. Ich schämte mich für die Ungehobeltheit meiner österreichischen Landsleute, wusste ich doch, dass Engländer sich selbst dann noch entschuldigen, wenn jemand anders ihnen auf den Fuß tritt. «Rotzmadl!», schimpfte die Frau, die sich ächzend auf den freigewordenen Sitzplatz fallen ließ.

Straßenbahnfahren war kein Vergnügen, schon gar nicht gemeinsam mit meiner Mutter. Sie hatte die Angewohnheit, ihr gegenübersitzende Personen in ein Gespräch zu verwickeln, indem sie etwas zu ihren beiden Kindern sagte und dabei Zuspruch heischend die Umsitzenden anschaute, was diese als Aufforderung verstanden, ihrerseits etwas zu sagen oder die Mutter zumindest anzulächeln. Warum sie das tat, wo sie doch die Österreicher verachtete, habe ich nie verstanden. Uns Kindern war es schrecklich peinlich. Voller Scham schauten wir zu Boden, scharrten mit den Füßen und hofften, dass unser Gegenüber bald ausstieg.

Vielleicht war diese Masche unserer Mutter auch der Grund dafür, dass der Vater sich bei gemeinsamen Straßenbahnfahrten schon bald von uns absetzte. Er überließ seine Kinder ihrer Scham, nahm, wenn wir uns anschickten, in den Beiwagen einzusteigen, den Triebwagen und umgekehrt, schloss sich uns aber am Ende der Fahrt wieder an, als sei nichts gewesen. Eine Angewohnheit, die er sich von seinem Vater abgeschaut haben mochte, einem Feuerwehrhauptmann. Wenn der in seiner feschen Uniform mit den drei Söhnen das Haus verließ, veranlasste er sie, die Straßenseite zu wechseln. Er schämte sich, dass seine Kinder barfuß waren. Ob er sich kein Schuhwerk für sie leisten konnte oder nur geizig war, weiß heute niemand mehr. Überliefert ist allerdings, dass ein Bruder meines Vaters sein geliebtes Motorrad verkaufen musste, um dem Vater später das Kostgeld zurückzuzahlen, das er in der Zeit seiner Arbeitslosigkeit nicht aufbringen konnte.

Mein Vater, Paul und ich schämten uns auch für das laute Organ der Mutter. Sie konnte einfach ihre Stimme nicht senken. Wir zischten ihr ins Ohr und stießen sie mit dem Ellbogen in die Seite. Sie antwortete «Lasst mich in Ruh» und setzte ihr Opfergesicht auf. Vielleicht gewöhnte Paul sich deshalb an, so leise zu sprechen, dass man ihn kaum hören konnte. Er weigerte sich einfach, den Mund aufzumachen, entließ seine Worte aus geschlossenen Lippen ins Freie. Als die Mutter alt war, wird sie ihn kaum noch verstanden haben. Aber da waren die beiden längst zu einer untrennbaren Einheit verschmolzen, die sprachlichen Austausch überflüssig machte.

Meine Fahrt mit der Straßenbahn führt an unangenehm vertrauten, schäbigen Häuserfronten und Geschäften vorbei. Die ausgestellte Ware sieht aus, als sei sie seit meiner Schulzeit nicht ersetzt worden. Es war ein ärmlicher Arbeiterbezirk, in den wir ein Jahr nach unserem Eintreffen in Wien zogen. Und doch durften wir uns glücklich schätzen, so bald nach Kriegsende eine helle Gemeindewohnung mit niedriger Miete zu erhalten. Aber schließlich war Vater Angestellter eines städtischen Betriebs und sofort nach seiner Rückkehr in die SPÖ eingetreten. Im «Roten Wien» war das von Vorteil.

Unsere Familie gehörte zu den ersten in der neuen Siedlung am Stadtrand. Schon bald nach dem Einzug kam ein Pressefotograf ins Haus. Auf dem Foto rührt meine Mutter mit dem Kochlöffel in einem Topf und steckt vor lauter Verlegenheit die Zunge in die Backe. Im Hintergrund sitzen zwei Kinder in einem fast leeren Zimmer auf dem Boden und spielen, ich mit einer sogenannten Schaumrollenfrisur und einer zur vollen Länge ausgeblasenen Tröte im Mund.

Die ersten Jahre über hatten wir eine mit rotem Samt bezogene Couch, die einem Nazi abgenommen und meinen möbellosen Eltern überlassen worden war, ein jämmerlicher Trost, wenn man daran denkt, dass meinem Großvater in Warschau das gesamte Herrenzimmer gestohlen wurde. Meine Mutter hasste das Möbelstück aus vollem Herzen. – Das war aus der jungen Kommunistin aus gutem jüdischem Haus geworden, die nach Wien gezogen war, um Künstlerin

und Bohemienne zu werden: eine feiste Mutter (nach
der Geburt des zweiten Kindes wurde ihr Bauch nie
wieder so flach wie vorher) mit einer rotplüschenen
Couch und einem Elektroherd, das während des Kriegs
schütter gewordene Haar in einem Wulst um den Kopf
geschlungen.

Meine Mitschülerinnen am Gymnasium, an dem ich
nun vorbeifahre, waren überwiegend Arbeitermädchen,
die von ihren Müttern, darunter manche Kriegerwitwe,
an der kurzen Leine gehalten wurden. Sie fühlten sich
wohl bemüßigt, den fehlenden Vater durch übermäßige
Strenge zu ersetzen. Ich hingegen genoss Freiheiten,
die zu missbrauchen mir gar nicht erst einfiel, hatte es
aber schwer, eine Begleiterin für meine Opernbesuche
zu finden. Für eine billige Stehplatzkarte stand ich
stundenlang an und schrieb mir die jeweilige Besetzung
vom Aushang ab, um das Geld für ein Programmheft
zu sparen. Den Hügel hinunter zu unserer Siedlung
fuhr die Straßenbahn nach Ende der Vorstellung nicht
mehr, ich musste alleine zwei Haltestellen hinunterstö-
ckeln. Meine Eltern machten sich keine Sorgen, in den
fünfziger Jahren waren die Straßen sicher.

Eigentlich führten wir ein traditionelles Familien-
leben, die Mutter war für den Alltag zuständig, für
die Küche und unsere Kleidung, der Vater, abends
nach Büroschluss, für die intellektuelle und politische
Bildung. Bloß dass die Mutter sich nicht in diese Rolle
fügte. «Ich bin eine schlechte Hausfrau», trompetete
sie bei jedem von ihr aufgetragenen Essen, und schon
verzog Paul das Gesicht. «Pfui Teufel, wieder so ein

Fraß», tönte er, und die Mutter schaute beleidigt. Jeden Tag dasselbe Theater.

Der Schlüssel dreht sich im Schloss, und sofort wird mein Körper steif. Ich bin völlig gefühllos und atme flach. So lange habe ich hier gewohnt, sechsundzwanzig Jahre war ich alt, als ich endlich den Absprung schaffte, und noch heute spüre ich das eisige Schweigen der Eltern, als ich meinen Koffer packte. Ab sofort wohnte ich in einer fensterlosen Kammer bei einer Bekannten, es war eine Flucht. Wenig später suchte ich mir eine Garçonnière auf der anderen Seite der Donau. Es dauerte lange, bis meine Eltern sich damit abfinden konnten.

Wenn ich Jahrzehnte später, als man mir meinen Verrat verziehen hatte, zu Besuch kam, wartete die Mutter immer schon vor der Wohnungstür, die Hände über dem Bauch gefaltet, ein Lächeln auf den Lippen, das zu den traurigen, Mitleid einfordernden Augen nicht passen wollte. Ich hatte mir angewöhnt, sie zur Begrüßung zu küssen. Keineswegs aus Neigung, aber wenn ich in meinem Bekanntenkreis fast jeden küsste (auch das nicht aus Neigung), konnte ich auch meine eigene Mutter küssen, dachte ich. Ob sie ihre Freude daran hatte, weiß ich nicht, warme Begrüßungen waren in unserer Familie nicht üblich. Mein Bruder reichte mir nicht einmal die Hand, machte nur auf japanische Art eine steife Verbeugung. Sicher spürte Mutter das Pflichtbewusstsein, wenn ich mich zu ihr hinunterbückte, um kaum merklich ihre Wange zu streifen. Dabei konnte es vorkommen, dass ich mich einen Augenblick lang tatsächlich über das Wiedersehen freute. Doch dass sie wie eh und je im Stiegenhaus auf mich wartete und mir keine Zeit ließ, mich vor der geschlossenen Tür zu sammeln, ärgerte mich.

Ich mag es, nach einer Reise in die eigene Wohnung heimzukehren. Die von fremden Eindrücken ermüdeten Sinne sind froh, alles an seinem angestammten Platz vorzufinden, die Topfpflanze neben dem Fernseher, die türkisfarbene Vase auf dem Kachelofen. In die Wohnung der Kindheit zurückzukehren, löst bei anderen Menschen vermutlich ähnliche Gefühle aus. Ich jedoch wäre dort lieber fremd gewesen, hätte es vorgezogen, höflich ins Wohnzimmer gebeten und gefragt zu werden, ob ich etwas trinken wolle. Die Räume waren mir aber so vertraut, dass ich mich benahm, als gehörte ich dorthin, als könnte ich zum Schränkchen gehen, die Schiebetür öffnen und umstandslos den Cognac herausholen, als könnte ich mich setzen und daheim sein. Sobald ich die Wohnung meiner Kindheit und Jugend betrat, wurde ich wieder zur unglücklichen, einsamen Halbwüchsigen von damals. Vermischt mit der Frau, die Selbstbewusstsein vortäuschend in den wie in der Zeit stehengebliebenen Haushalt einfiel, ergab das eine unsympathische Person, die ihren Hals an den in Kopfhöhe speckig gewordenen Sessel lehnte und sich ekelte.

Und doch blieb ich immer länger als nötig, konnte mich nicht losreißen vom warmen Lichtkegel der Stehlampe neben dem Ölofen, von den Buchrücken in Brauntönen, alle Bücher von mehreren Personen gelesen, nicht neu und unbenutzt wie bei mir daheim. Beim Bruder im Kabinett ordentliche Stapel auf dem Schreibtisch. Er trabte hinter mir her, wenn ich mit herrischem Schritt hineinspazierte, als sei ich auch dort zu Hause, und beschützte sein Reich, die einzige Privatheit, die er außer den im Kopf eingeschlossenen Gedanken hatte.

Wenn ich dann in der dunklen Einöde der Stadt-randstraße auf die Tram wartete, die mittlerweile auch nachts bis hinunter zu unserer Siedlung fuhr (und weiter noch, denn die Stadt hatte sich ausgedehnt), war ich erschöpft und unzufrieden mit mir selbst. Wieder hatte ich es nicht geschafft, der Mutter etwas Herzlichkeit zu gönnen und ein offenes Gespräch mit Paul zu führen. Wie viele solche Gelegenheiten würde es noch geben? Kaum saß ich in der Straßenbahn, vertiefte ich mich in ein Buch, und die Kindheit entfernte sich schnell.

Still ist es in der Wohnung, wo es einst so laut zuging. Ich höre noch Pauls Gebrüll hinter der geschlossenen Tür seines Kabinetts, am Abend, wenn der Vater heimkam. Mein Vater, den ich im Stiegenhaus an seinem Hüsteln erkannte, mein Vater, der Linkssozialist und Agnostiker, glaubte an die preußische Erziehungs-methode des kalten Bestrafens. *In cold blood.* Die Mutter berichtete von Pauls Schandtaten während des Tages, der Vater zog den Ledergürtel aus den Schlaufen seiner Hose, schloss die Tür und schlug zu. Gelegentlich nahm er auch den Teppichpracker, die runde

Klopffläche aus geflochtenen Weidenzweigen war wie geschaffen für den zarten Hintern eines Kindes. Keine Ahnung, was mehr wehtat. Paul brüllte so oder so, und ich stand wie gelähmt auf der anderen Seite der Tür und fühlte mich schuldig.

Ich wurde nie geschlagen, ein Mädchen schlägt man nicht. Mir war eine andere Strafe vorbehalten: Mein Vater schwieg. Es konnte vorkommen, dass er wochenlang kein Wort an mich richtete, bis endlich die Mutter als *postillon d'amour* dazwischenging und eine tränenreiche Versöhnung herbeiführte. Längst hatten wir beide vergessen, was uns ursprünglich entzweit hatte.

Mein Vater sperrte Paul auch in das sogenannte Kammerl, die Kammer, in der Staubsauger, Putzmittel und Urlaubskoffer untergebracht waren. Heute trennt ein orangefarbener Vorhang den winzigen Raum vom engen Flur, damals hatte er noch eine Tür. In der Finsternis des Kammerls ließ er ihn schreien. Eine halbe Stunde, eine Stunde, länger? Meine Mutter behauptete, diese Methoden abzulehnen, sie wollte ihren Kindern lieber eine Freundin sein, sie unternahm aber nichts, um den Vater davon abzuhalten. Was hatte Paul verbrochen, um so harte Strafen zu verdienen?

Der Bub mit den von Karies befallenen Vorderzähnchen und dem Spangerl im Haar war verhaltensauffällig, würde man heute sagen. Wie oft habe ich mir die Szene vorgestellt, armer Paul: Die Nonnen am Morgen in der Kinderabteilung des Kaiser-Franz-Josef-Spitals (desselben Krankenhauses, in das er nach seinem ersten Suizidversuch sechsundzwanzig Jahre später eingewiesen wurde). Wie Raben kommen sie mit wehendem Habit angeflogen. Das schwere Kreuz mit dem toten Mann. «Schaut her, Kinder, sein Leintuch ist schon wieder nass! Pfui Teufel!» Die Augen aller auf ihn gerichtet. Und wie sich Paul schämt. Wenn er nachts nicht schläft, wird es nicht passieren. Doch die Müdigkeit ist stärker. Der Traum. Er schaukelt im warmen Wasser, wohlig wie in der Badewanne. Er kann loslassen. Die feuchte Wärme zwischen den Beinen tut gut. Beim Aufwachen aber ist es kalt. Kalt auch die Angst. Schon kommt sie, die Frau in Schwarz, und lüftet die Bettdecke. Die Kinder zeigen mit dem Finger auf ihn, lachen. So ein großer Bub! Dann holen sie die Spritze. Die Nadel ist lang, tut weh. Jedes Mal, wenn du ins Bett machst, kommen wir. Das hilft. Hat die Angst sich überall ausgebreitet, hilft es spätestens.

Vielleicht haben die Eltern ihn gelobt, als er nach elf Tagen im Spital wieder zu Hause war. Keine stinkende Lederhose mehr. Braver Bub. Es heißt, dass bei Bettnässern die nicht geweinten Tränen an anderer Stelle ausfließen. So wird es wohl gewesen sein.

Dann der Polizist. Den ganzen Tag schaute er aus dem Parterrefenster und brüllte die Kinder nieder, die sich erdreisteten, auf den Rasen zu treten. Er war Pensionist oder Invalide, was weiß ich, auf jeden Fall furchterregend. Hatte eine ordinäre Stimme und einen dicken Bauch unter dem weißen Rippunterhemd. Dem wurde Paul vorgeführt. Der Bub stiehlt. Nimmt Groschen und Schillinge aus der Geldbörse der Mutter und kauft sich davon Zuckerln. Der Greißlerin vom Stockholmer Platz ist aufgefallen, dass der Bub immer Geld hat. Familiengericht. Der Bub schweigt. Der Bub ist verstockt. Also Friesinger, der Polizist. Der Bub hebt den Blick, kann dem Mann direkt in die Nasenlöcher schauen. Behaarte Nüstern. Die Stimme Gottes. Weißt du, wohin man kommt, wenn man stiehlt? Ins Gefängnis kommt man. Ja. Dann ist man lange Zeit weggesperrt. Was das bedeutet, weiß Paul. Das Kammerl.

Er kratzte mit seinen Fingernägeln Löcher in die weiche Rigipswand seines Kabinetts und versteckte seine verschmutzte Unterwäsche hinter dem Bett. Er rieb sich mit beiden Händen in einem fort die Nase, von der Wurzel bis zu den Nasenflügeln.

«Paul, was machst du da?», fragte ihn die Cousine.

«Ich mache mir die Nase fein.»

Ansonsten war er ein liebes, dünnes Kind, mit dem ich noch als Fünfzehnjährige gern spielte. Geduldig ließ er sich von mir zeigen, wie man Rock 'n' Roll tanzt, und führte mich, so gut er es trotz seiner kindlichen Größe konnte. Mit der Cousine verband ihn die Bewunderung für mich, die Ältere, in seinem Fall aber schlug sie bisweilen in Hass um.

Als er die Universität besuchte, veränderte sich Paul, wurde stiller, zog sich zurück. Manchmal lag er schlaff auf dem Bett und klagte über «Palpitationen». Er war auf einmal menschenscheu und wie aus Wachs, man brauchte ihn nur zu drücken, an einer beliebigen Stelle, und schon entstand eine Delle. Groß genug für ein Ja. Ja, Sie haben recht. Ja, natürlich. Ja, kann ich machen. Ja, freut mich sehr. Das schlaffe Ja floss ihm aus dem Haar, troff aus Augen, Mund und Ohren. Er wurde zu einem, dem die Mutter sagen musste, was er anziehen sollte. Paul, der nicht leben kann. Einer, der sich aufgegeben hat. Paul, der bis zu ihrem Tod an der Seite der Mutter blieb, so wie sie es von ihm erwartete. Ein guter Sohn. Die anderen Patientinnen im Krankenzimmer der Mutter waren gerührt von seiner Hingabe. Jeden Tag kam er sie besuchen, saß stundenlang an ihrer Seite, redete mit ihr, als sie schon im Koma lag. Stets ordentlich und unauffällig angezogen, immer ausgesucht höflich, ein bereitwilliges Lächeln auf den Lippen.

Und ich? Artig von Anfang an, ein allseits bestauntes Puppenkind, nie geschlagen, viel fotografiert. Belohnt mit einem Schilling für gute Noten. Schau, wie gescheit deine große Schwester ist. Schau, wie brav sie immer liest. Und so schwierige Bücher. Ebenso wie er einst mit dem Kopf gegen die Wand geschlagen hatte, konnte Paul noch als Vierzehnjähriger stundenlang einen kleinen Ball gegen die Wand seines Kabinetts werfen. Ich tat so etwas nicht. Ich log auch nicht wie Paul, nahm mitunter Missetaten auf mich, die ich gar nicht begangen hatte, wusch mir immer freiwillig die Hände. Ein Vorbild.

Was bleibt, ist Schuld und Scham. Ich bin eine Überlebende, eine, die noch einmal davongekommen ist.

Sicherheitshalber habe ich Klarsichthüllen mitgebracht, um eventuelle Familienunterlagen schonend einzupacken. Ich finde in Pauls Kleiderkasten einen Beutel mit ungeordneten Briefen, vollgesogen mit Familiengeschichte. Wenn die über das Rote Kreuz vermittelte Kurznachricht meiner Großeltern aus Warschau, die seit Jahrzehnten niemand mehr angerührt hat, in die Sterilität der Klarsichthülle schlüpft, ist ihre Bedrohung gebannt. Konserviert zwischen Plastik, kann sie keinen erstickenden Hauch mehr verströmen. Der Schauer, der mir durch die Hände ins Herz steigt, wenn ich das raue Papier zwischen den Fingern spüre, das an den gefalteten Kanten zu zerbröseln droht, ebbt ab. Manche Dokumente repariere ich mit Tesafilm, ehe ich sie in die Hülle stecke. Der Effekt ist ähnlich. Das Papier ist wieder ganz und durch das moderne Klebemittel gegenwärtig gemacht. Den Worten gelingt es dennoch, mich in die Vergangenheit zu holen. Die tanzenden Lettern der Schreibmaschine wirken fast so antiquiert wie der Federkiel, die letzte Zeile stürzt schräg aus dem Blatt, weil Schreibpapier damals so wertvoll war, dass jeder Millimeter genutzt werden musste. Das rührt mich, heute schmeiße ich kiloweise Papier weg.

Mein Vater schreibt über das dreijährige Kind, das ich einmal war. Ein putzmunteres Mädchen mit goldblonden Locken, von der Person, die aus ihm geworden ist, so weit entfernt. Wie konnte das geschehen? An welchem Punkt wurde aus dem wissbegierigen Kind eine verschlossene, ängstliche Frau? Das Kind kannte keine Scheu. Es sprach im Park fremde Menschen an, fragte nach dem Namen jedes einzelnen Hundes, erzählte beim Anblick eines Handschuhs von einem Ehezwist, den ein verlorengegangener Vaterhandschuh ausgelöst hatte, grüßte Polizisten auf der Straße mit «Hello, policeman!», setzte sich in der U-Bahn ungebeten Soldaten auf den Schoß und forderte im Schwimmbad die Matrosen mit ihren tätowierten Oberkörpern zum Stillhalten auf, damit es sich in Ruhe die Bilder anschauen könne.

Die wackligen Lettern der Empire-Baby-Schreibmaschine haben es vollbracht: Ich bin ebenso entzückt von diesem Kind, wie es damals meine Eltern waren. Es hat sie verzaubert. Es stellte Fragen ohne Ende, lauschte atemlos dem Radio, das über das Schicksal des aus China nach London gebrachten Pandabären berichtete, kannte mit dreieinhalb alle Blockbuchstaben des Alphabets. Was für ein Glück, ein solches Kind zu haben, mitten im Krieg! Es vertrieb der Mutter die Sorge um ihre eigenen Eltern. Aber es beherrschte sie auch, das schrieb die Mutter nach Wien, es war willensstark, erteilte ihr den ganzen Tag Befehle.

Der Verlust dieses Kindes schmerzt.

Ich öffne die Schublade des mütterlichen Schreibtisches. Obenauf liegt das Sparbuch. Es ist nicht viel, was sie sich von der Witwenpension ersparen konnte, aber es wäre genug gewesen für Paul, um ein Jahr davon zu leben oder eine ausgedehnte Reise zu unternehmen, nach Australien, nach New York, an die Sehnsuchtsorte seiner erträumten Emigration. Unsere Cousinen und Cousins in Sydney haben ihn oft genug eingeladen. Meine Hoffnung, er könne nach dem Tod der

Mutter dorthin aufgebrochen sein, ist kein abwegiger Gedanke.

Im Wohnzimmer öffne ich die Kastentür. An der Innenseite klebt noch immer das bunte Foto eines Babys mit großen braunen Augen, es hängt da seit meiner Teenagerzeit, die Mutter hat es aus irgendeiner Postwurfsendung herausgeschnitten. Das Bildchen erinnere sie an mich als Baby, hat sie mir oft genug im vorwurfsvollen Ton gesagt, als wäre es meine Schuld, älter geworden zu sein. Als Einjährige sei ich, schrieb sie nach dem Krieg nach Wien, «hübsch und süß» gewesen, braun gebrannt und mit blonden Locken, jetzt aber (ich kann zu dem Zeitpunkt nicht älter als drei gewesen sein) sei ich «viel dunkler und unausstehlich». Fing es damals an? Spürte sie, dass ich ihr unweigerlich entgleiten würde?

Wenn sie schon Sehnsucht nach mir als Baby hatte, warum klebte sie nicht ein Foto ihrer tatsächlichen Tochter an die Kastentür? Fotos von mir gab es genug. Bald nach Kriegsende gingen sie mit mir zum Fotografen, der mir ein Stofftier in die Hand drückte, und ich musste mich auf einen Hocker setzen. Entstanden sind Dutzende Kleinbildaufnahmen in Schwarzweiß von einem Mädchen im Seidenkleid mit gesmokter Passe, die dunklen Augen hellwach. Das Kind scheint vom Fotografen ebenso betört gewesen zu sein wie dieser von ihm.

Einige der Fotos wurden vergrößert, in ein Passepartout geschoben, vom Fotografen signiert und nach Wien an meine österreichische Verwandtschaft geschickt. Im Gegenzug erhielt ich Fotos meiner Cousine, die in einem dicken Wintermantel mit pelzbesetzter Kapuze steckte, die Hände in wollenen Fäustlingen. Dass es in Wien so kalt war, beeindruckte mich sehr. Die Cousine dagegen war von den englischen Lebensmitteln beeindruckt, die meine Eltern ins hungernde Wien schickten. Eine der Sensationen war eine Rolle Einziehgummi, den es im Nachkriegswien nicht zu kaufen gab. Immer war auch eine Tafel Schokolade dabei mit einem von mir gezeichneten Gruß. So arbeiteten unsere Eltern an der Herstellung verwandtschaftlicher Beziehungen, die mir schließlich das Verlassen meiner englischen Heimat schmackhaft machen sollten.

Nach unserer Ankunft in Österreich erhielten wir wiederum Pakete aus Australien, zugeklebt mit Tesafilm. Die ganze Familie bestaunte diese praktische Erfindung, mit der man sich das mühsame Verschnüren der Post ersparte. Erst in den fünfziger Jahren gab es dann auch in Österreich Tixo. Die Briefmarken rochen nach dem Pazifischen Ozean. Die Pakete enthielten vor allem abgelegte Kleidung. Stolz trug ich die australische Schuluniform einer meiner Cousinen, ein dunkelblaues Trägerkleid, und sogar den in unseren Breiten noch nie gesehenen Hosenrock aus grauem Tweed. Meine Mutter hingegen wollte die Rolle der armen Verwandten nicht annehmen, sie äußerte sich abfällig über die Kleiderauswahl ihrer Schwägerin in Übersee.

Von der österreichischen Welt war in unseren vier Wänden anfangs nur wenig zu spüren. Wir sprachen weiter Englisch, Paul lernte beide Sprachen gleichzeitig. Verließen wir das Haus, schalteten wir, um nicht aufzufallen, auf Deutsch um. In der Anfangszeit konnte ich, das in einem fort plappernde Kind, es nicht fassen, dass ich mich plötzlich nicht verständlich machen konnte. Weinend lief ich nach der ersten Begegnung mit Wiener Kindern ins Haus und schwor, dieses nie wieder zu verlassen. Ich wollte mich einfach nicht umstellen. Jahrelang konnten meine Eltern mich nicht dazu bringen, die in Österreich so beliebten Knödel zu essen, es ekelte mich vor der Brotpampe. Von *bread and butter pudding* aber, einer ebenfalls aus Brot hergestellten englischen Süßspeise mit Apfelstücken und Zimt, konnte ich nicht genug bekommen.

Das Frühjahr war stets eine Zeit des Kampfes mit meiner Mutter um das Recht, endlich wieder Kniestrümpfe tragen zu dürfen, wie ich es in England das ganze Jahr über gewohnt gewesen war. Ich hasste den Strumpfbandgürtel aus rosa Gummi, über den man im Winter eine sogenannte Pelzhose ziehen musste, wollte man den oberen Teil des Oberschenkels, den Streifen zwischen Strumpfbandgürtel und dem Rand des Strumpfes, nicht der kalten Witterung aussetzen. Pelzhosen waren dicke, bis zur Mitte des Oberschenkels reichende rosa oder graue Baumwollunterhosen, innen wärmespendend aufgeraut und an Taille und Beinenden mit einem Gummiband festgehalten. Sobald die ersten Vögel zwitscherten, zeigte ich mit dem Finger auf jedes Kind, das schon Kniestrümpfe trug, und alljährlich wiederholte ich den Hinweis, dass es in

England Strumpfbandgürtel nicht gab, schon allein das Grund genug, dorthin zurückzukehren.

Auch auf unseren Urlaubsreisen ins Ausland sprachen wir Englisch. Ich lernte früh, die negativen Gefühle zu respektieren, die Italiener und Jugoslawen beim Klang der deutschen Sprache empfanden. Englisch war die Sprache der Guten, Deutsch die Sprache der Bösen. Die Kinder im Hof machten sich über meine Mutter lustig, wenn sie uns – vermeintlich auf «Böhmisch», der einzigen Fremdsprache, von der man anscheinend eine Vorstellung hatte – zum Mittagessen rief. Paul weigerte sich bald, Englisch zu sprechen, er wollte sein wie alle anderen. Ich war alt genug, um mein Anderssein zu genießen. Mein größter Stolz war der englische Pass, dunkelblau und aus festem Karton, mit in Gold geprägten Tierfiguren, einem Löwen und einem Einhorn. Auch dass ich den Religionsunterricht nicht besuchte, verlieh mir in meinen Augen Bedeutung. Für Religion, das Opium fürs Volk, hatte man in meiner Familie nur Verachtung übrig. Unsere Ideale waren Sozialismus, Antifaschismus und der Freiheitskampf der afrikanischen Völker.

Meine Mutter kaufte in einer Filiale des USIA-Konzerns ein, gebildet aus Betrieben, die die Sowjetunion nach Kriegsende als sogenanntes Eigentum des Dritten Reichs in der sowjetischen Besatzungszone beschlagnahmt hatte. Man konnte dort zu Dumpingpreisen Lebensmittel für den täglichen Bedarf, Nylonstrümpfe, Schweizer Uhren, Alkoholika und Zigaretten kaufen. Und zu Ostern wunderschöne ungarische

Trachtenpuppen aus Wachs, deren schokoladenes Inneres zum Vorschein kam, wenn man die äußere Hülle aufschnitt. Die irgendwann zu treffende Entscheidung, die bunte Puppe zu zerstören, um in den Genuss der Schokolade zu gelangen, stellte uns Kinder jedes Mal auf eine harte Probe. Die Zigaretten, die mein Vater damals rauchte, hießen «Budapest» und wurden in einem großen flachen Pappkarton mit dem Bild der hellerleuchteten nächtlichen Stadt verkauft. In einer dieser Schachteln bewahrte die Mutter später Knöpfe auf, in allen Farben und Größen, die sich bei ihren Schneiderarbeiten angesammelt hatten. Wir Kinder liebten es, damit zu spielen.

Es galt als unpatriotisch, in einem USIA-Laden einzukaufen und so die Sowjetunion zu unterstützen; meine Mutter scherte das naturgemäß nicht. Wir Kinder wurden aber vorsichtshalber doch angewiesen, Stillschweigen darüber zu bewahren, was Paul dazu veranlasste, auf der Straße lautstark «USIA» zu rufen. Nur durch einen hinterhältigen Trick konnten meine Eltern das Kind von seinem verräterischen Geschrei abbringen: Sie schärften ihm ein, es dürfe auf keinen Fall «Konsum» sagen. Das half. Wenn Paul jetzt den Namen des sozialdemokratischen Konsum herausrief, hatte niemand etwas einzuwenden. Doch Pauls Lust am Schockieren ließ sich nicht so leicht bändigen. Später malte er Hakenkreuze in die Eisblumen am Küchenfenster und ergötzte sich am Entsetzen der Mutter.

In einer Zeit, als die österreichische Presse erst im

Aufbau war, bezogen wir Zeitschriften aus England, ich das Comic-Magazin «Girl», mein Vater die renommierte Wochenzeitschrift «Picture Post», eine Pionierin des Fotojournalismus. Wenn die in einer Rolle verschickten Zeitschriften ankamen, herrschte Hochstimmung bei uns zu Hause. Die Artikel in der «Picture Post» und die Gespräche mit meinem Vater darüber prägten mein politisches Bewusstsein.

Ich erinnere mich an eine große Reportage über die kenianische Befreiungsbewegung Mau-Mau, das war 1952. Jahre später ging ich in die British Library, um den Artikel noch einmal zu lesen. 1952 wurde in Kaiserslautern eine Coca-Cola-Fabrik eröffnet, und die noch ungekrönte junge Königin Elisabeth II. hielt ihre erste Rede vor dem britischen Parlament. Neue Münzen mit dem Porträt der hübschen Königin wurden geprägt. Und in Kenia verbreiteten die Mau-Mau «dämonischen Terror». Die Reportage beschreibt blutrünstige Details über die Aufnahmezeremonie in die Bewegung, bei der der Kandidat das Blut einer Opferziege von einem Stecken ablecken musste. Mit einem scharfen Messer wurden seinem Körper sieben Schnitte zugefügt, für die sieben Schwüre, die er zu leisten hatte. Wer sie brach, wurde verstümmelt oder getötet. Ein Mann erhielt achtzig Schnitte als Strafe, eine Frau wurde an einem Baum aufgehängt, bis sie bewusstlos war, und dann vor den Augen ihres Mannes vergewaltigt. Die britische Armee und die einheimische Polizei standen auf verlorenem Posten. Informanten bekamen hohe Belohnungen und Schutz in Aussicht gestellt. Vergebens, keiner wollte den Briten helfen. Eine halbe Million Mitglieder zählten die Mau-Mau, die, eine Kette aus Gras um den Hals, keine europäische Kleidung trugen. Ihr Warnzeichen war eine aufgehängte Katze, ihr Name eine Verballhornung des Rufs «uma uma» – «get out, get out». Das alles las ich, eingebettet in Anzeigen der mir vertrauten Produkte des britischen Kapitalismus: Rowntrees' Fruit Gums, Brylcreme, Ovaltine, Quaker Oats, Horlicks, Kraft Tomato Ketchup, Marmite, Bird's Custard, Wall's Ice Cream, Cadbury's, Gibbs Toothpaste. Noch heute lassen diese Namen mein Herz höherschlagen.

Die beschriebenen Szenen schreckten mich ebenso wenig wie die Gespenstergeschichten meines Vaters, sie nährten vielmehr meine Begeisterung für die tapferen afrikanischen Freiheitskämpfer. Jahre später verfasste ich am Gymnasium einen Aufsatz, in dem ich voraussagte, der schwarze Kontinent werde eines Tages in Blut ersticken. Ich spürte eine tiefe Abscheu vor Rassismus. Der Zusammenhang mit meiner eigenen Familiengeschichte war mir damals nicht bewusst.

Offiziell ebenso verschrien wie die USIA-Läden war das Neue Theater in der Scala, eine ehemalige Varieté- und Kinobühne, die zurückgekehrte Emigranten nach dem Krieg als progressives Sprechtheater neu eröffnet hatten. Man lehnte sich an Brecht und sein Theater am Schiffbauer Damm in Berlin an. Meine Eltern hatten ein preisgünstiges Abo, und die Besuche in der Scala zählten zu den herausragenden Erlebnissen meiner Kindheit. Nach dem Abzug der

Besatzungsmächte aus Österreich 1955 wurde das Theater aus politischen Gründen zur Schließung gezwungen und abgerissen. Manche der in Österreich nun chancenlosen Schauspieler machten in der DDR Karriere.

Meine Mutter nahm sich das Kostüm eines Schauspielers zum Vorbild, dessen schlanke Eleganz mich beeindruckt hatte, und nähte mir auf ihrer handbetriebenen, schwarzgoldenen Singer-Nähmaschine meine erste Hose, mit Bügelfalten und Aufschlag. Damals trugen die Mädchen im Winter über ihrer Trainingshose ein Kleid und hörten von ihren Eltern, dass Hitler wegen des Baus der Autobahn auch sein Gutes gehabt habe. Als ich meiner Mutter davon erzählte, schnaubte sie verächtlich, krallte ihre Hände ineinander und versteifte das Kinn zu der mir vertrauten Grimasse. Es war die Zeit, in der die zurückgekehrten Emigranten in Österreich als «Übel» bezeichnet wurden. In der Ministerratssitzung genau zehn Jahre nach der Pogromnacht vermeinte der Innenminister schon wieder überall «jüdische Ausbreitung» zu erkennen. Schließlich sei auch den Nazis 1945 alles weggenommen worden, und nun komme es schon so weit, dass nationalsozialistische Akademiker auf dem Bau arbeiten müssten.

Das war das Wien, in dem unsere Mutter im ersten Jahr mit keinem Menschen außerhalb der Familie ein Wort wechselte. Die Leute auf der Straße waren ihr unheimlich. In jedem vermutete sie einen Nazi. Und kam sie einmal mit jemandem ins Gespräch, wurde ihr stets beteuert, dass man von «alldem» nichts gewusst habe. Niemand hatte etwas gewusst, niemand hatte etwas bemerkt.

Hatte meine Mutter schon in England über die Monotonie ihres Hausfrauendaseins geklagt, wurde ihr Leben in Wien zu einer wahren Ödnis, der alljährliche Urlaub im Ausland ihr einziger Hoffnungsschimmer, das Nähen für mich und sich selbst die letzte Form einer kümmerlichen Selbstverwirklichung. Erst als ich schon zu studieren angefangen hatte, kaufte sie sich eine elektrische Nähmaschine. Sie hieß «Zick-Zack» und wurde in vierundzwanzig Raten zu je 150 Schilling abbezahlt. Das Geld kam von meinem Vater, der bei Ehestreitigkeiten stets betonte, dass alles ihm gehöre.

Nur in den Stunden, die wir gemeinsam bei der Auswahl von Schnittmustern und Stoffen und bei der Anprobe zubrachten, kam so etwas wie Intimität und Zärtlichkeit auf zwischen mir und meiner Mutter. Puppe hatte sie mich als Kind genannt, wohl in Erinnerung an das Baby, ihr krankes englisches Püppchen. Nun bildeten wir eine Einheit in der gemeinsamen Arbeit, bei der sie sich naturgemäß mir zuwenden musste, ich die Schneiderpuppe, sie die Schneiderin. Ich stand auf dem Stuhl und drehte mich langsam um mich selbst, sie steckte die Rocklänge ab. Dabei berührte sie unabsichtlich meine nackten Beine. Sie prüfte, ob das Oberteil straff genug an meinem Mädchenkörper saß, strich mit der Handfläche Unebenheiten glatt, steckte das Zuviel an Stoff mit Stecknadeln ab, manchmal stach sie mich. Sie fuhr mit den Fingern die Abnäher entlang, am Rücken und an den Brüsten, ich spürte einen wohligen Schauer und wünschte, sie möge diese Arbeit nie beenden.

Das sind die einzigen Berührungen meiner Mutter, an die ich mich erinnere. Gewiss muss es in früheren Jahren noch andere gegeben haben, als ich ein Baby war und sie mir die Windeln wechselte. Als sie mich, wenn ich Asthma hatte, in der Nacht durchs Haus trug. Ihre Hände, die so geschickt mit Stoffen und Metallen umzugehen wussten, die mit großer Geduld zwei zarte Silberdrähte aneinanderlöteten, der eine Draht sorgsam abgelegt auf dem Holzkohleblock, der andere, ohne zu zittern, festgehalten mit der kleinen Zange, in der Linken die Gaspistole, im Mund den dünnen Gummischlauch, die Hitze der Gasflamme reguliert durch ihre Atemluft – diese Hände müssen auch mich einmal zärtlich angefasst haben. Erinnern kann ich mich nicht daran. Als ich fünfjährig meine Wiener Tante dabei beobachtete, wie sie ihrer Tochter zärtlich den nackten Popo küsste, war ich schockiert. So etwas hatte ich noch nie gesehen, geschweige denn erlebt.

Neiderfüllt beobachte ich heute noch Mütter, die ihre halbwüchsigen Töchter im Arm halten und wärmen, ihnen den Rücken massieren, ihr langes Haar durch die Finger gleiten lassen. Auch damals gab es Mütter, Nazimütter vielleicht, die zärtlich zu ihren Töchtern waren. Versteinert höre ich mir die Erzählungen meiner Freundinnen an, von Familientreffen zum Weihnachtsfest, Mutter und Tochter gemeinsam im Kirchenchor, ihre Stimmen ineinander verwoben. Von Zugehörigkeit, Zusammengehörigkeit. Ab der

Pubertät war ich eine kalte, abweisende Tochter, ein unsympathisches Mädchen.

Als mich in Berlin bei einem Gruppentreffen von Angehörigen der zweiten Generation von Holocaust-Überlebenden der Trainer fragte, von wem ich lieben gelernt hätte, schwieg ich verblüfft. Die Antwort, die ich schließlich fand, erschütterte mich: «Ich habe nicht lieben gelernt.» So ist es schließlich gekommen, dass ich an der Schwelle zum Alter niemanden habe, der mich liebt, und niemanden, den ich liebe.

Ebenso wenig habe ich gelernt, mich selbst zu lieben. Fasziniert schaue ich mir im Fernsehen einen afrikanischen Initiationsritus an. Das Mädchen, das ihre erste Menstruation bekommt, wird von den erwachsenen Frauen frisiert, bemalt und mit Schmuck behängt. Sie feiern in einem Freudenfest den Übergang des Kindes in die Welt der geschlechtsreifen Frauen.

In Berlin habe ich einmal an einer Bat-Mizwa-Feier teilgenommen. Das Mädchen, das wochenlang gelernt hatte, den entsprechenden Abschnitt aus der Tora zu «leinen», trug ein gelbglänzendes, bodenlanges Kleid, als es ein wenig zittrig an die Bima trat. Das Kleid der Mutter schimmerte blau, und nach dem Gottesdienst gab es ein Fest mit fast hundert Gästen. Die herausgeputzten jüngeren Mädchen liefen in ihren Lackschuhen durch den Saal, bestaunten die Freundin in Gelb und freuten sich aufs Älterwerden.

Bevor meine erste Regelblutung einsetzte, hatte ich Rückenschmerzen und meinte, ich hätte mir etwas verrissen. Dann am nächsten Vormittag das Blut. Ich wusste durch meine Mitschülerinnen Bescheid, ich war spät dran. Meine Mutter hatte mir mehrmals mit Befriedigung mitgeteilt, dass es bei ihr erst mit fünfzehn losgegangen war. Ich war dreizehn. Sie reichte mir eine Binde und zeigte mir, wie ich sie am fleischfarbenen Bindengürtel festmachen sollte. Danach lehnte sie mit wehmütig umflortem Blick an der Tür des Badezimmers.

«Was hast du?»

«Ich bin traurig.»

«Warum?»

«Weil du jetzt eine Frau bist.»

Es klang nach Vorwurf. Ich fragte nicht weiter. Die Perspektiven eines jungen Mädchens waren in den fünfziger Jahren nicht gerade berauschend. Doch als Mutter hatte sie es in der Hand, mich auf ein besseres Leben als Frau vorzubereiten. Ihr, die sich als Frauenrechtlerin verstand, ist das weniger gut gelungen als so mancher Spießerin. Zwar durfte, ja musste ich studieren – am liebsten wäre meiner Mutter Maschinenbau gewesen oder Chemie, was Marie Skłodowska-Curie studiert hatte, ihre polnische Heldin –, Sexualität, Liebe und Mutterschaft aber waren in ihren Augen ein Fluch. Ihre Erziehung gelang nur partiell, was sie später zu der bissigen Bemerkung veranlasste, ich würde meine Entscheidungen offenbar mit dem Unterleib treffen. Manche Frauen, so fügte sie hinzu, würden ES brauchen, sie selbst käme gut ohne ES aus.

«Man merkt, dass du alt wirst», sagte sie mir in ihrer gewohnt aufmunternden Art, als ich mit Mitte dreißig meinen ersten jüngeren Freund hatte. Ich war so verliebt, dass ich ihr unbedingt von ihm erzählen wollte. Das hatte ich davon.

Bei Paul war Mutter mit ihrer Erziehung erfolgreicher.

Aus dem untersten Fach desselben Kastens, an dessen Innentür das Werbebaby klebt, ziehe ich eine zerschlissene Leinenmappe heraus, berstend voll. Meine Mutter hat sie noch in ihrer Studienzeit angefertigt. Ich kenne die großen, braunen Stiche, die das Leinenmaterial säumen, aus meiner Kindheit und hätte nicht gedacht, dass die Mappe die Jahrzehnte überdauert hat. Ich klappe sie auf, und mir stockt der Atem: Pauls Zeichnungen.

Paul hat meistens auf Altpapier gezeichnet, in Postkartengröße zurechtgerissen, auf die Rückseite von Kalenderblättern, Postwurfsendungen, Einladungen zu Vorträgen und Konzerten. Wie Maler und Dichter im KZ, die jeden verbotenen Papierfetzen nutzen mussten. Manchmal nahm er auch die Pappe, mit der neue Männerhemden in ihrer Folienverpackung in Form gehalten werden, glatter, dicker Karton, auf dem die Tusche nicht zerrann. Später hat er sich angewöhnt, größere Flächen mit dem Kugelschreiber einzufärben, so lange, bis kein einziger Strich mehr zu sehen war, nur eine glatte, satte blaue Fläche. Das war mit Tusche nicht möglich, er hätte die Feder kaputt gespreizt und das Papier durchstochen.

Die Zeichnungen sind unsigniert und undatiert,

nur wenn ich Glück habe, ist auf der beschrifteten Rückseite der Teil eines Datums oder eine Jahreszahl erkennbar. Eine der wenigen datierten Arbeiten trägt den Titel «Autoritratto». Eine als Selbstporträt erkennbare Tuschzeichnung, das Gesicht zerfurcht, die wie im Todeskampf nach oben gerichteten Augen triefend, die Zahnstummel wie von Würmern zerfressen. Er war vierzig, als er sich so darstellte, und hatte die größte Niederlage seines Lebens schon zehn Jahre hinter sich: seine fehlgeschlagene Selbsttötung.

Auf der Rückseite einer Einladung des ORF-Funkhauses zu einem Konzert des Niederösterreichischen Tonkünstlerorchesters zeichnete er zerborstene, auf einen Erdhaufen herabstürzende, notdürftig zusammengenagelte Bretter. Solche Motive kehren immer wieder: ineinander verkeilte Metallteile, gesichtslose Menschen mit erhobenen Armen an den Fenstern in sich zusammenstürzender Gebäude, den Mund zum Schrei geöffnet. Menschen, die sich kraftlos von Hochhäusern fallen lassen, Häuser mit klaffenden Löchern und in der Ferne wie zum Hohn ein glücklicher schwarzer Himmel mit Sichelmond und glitzernden Sternen. Auf der Rückseite eines Gutscheins über zwanzig Schilling für den Frisör im Kurzentrum Oberlaa die Umrisse eines Mannes mit großen, haarigen Ohren, buschigen Augenbrauen und zerrissenen, breiten Lippen, vor einem Hintergrund aus wurmartig ineinander verwobenen Wellenlinien, so fein und dicht, dass man zur genaueren Betrachtung eine Lupe braucht. Das Liniengewirr scheint sich förmlich über den Rand des Blattes zu ergießen. Das Papier vollkommen auszufüllen, war sein Markenzeichen.

Ob er sich seiner erstaunlichen Begabung bewusst war? Auf jeden Fall wollte er, dass ich die Zeichnungen finde. Sie haben in der Leinenmappe auf mich gewartet, eine Botschaft, gedacht vielleicht als Ersatz für einen Abschiedsbrief. Eine wortlose Beschreibung seines Leidens an sich und an der Welt.

Ich stoße auf ein grausiges Familienbild: Vatermutterkind, nackt. Der Vater hat zwei Armstummel und trägt an den Beinen Prothesen. Klaffende Wunden an Hals und Schädel sind mit groben Stichen zusammengenäht. Auch die Mutter mit winzigen, schlabbrigen Brüsten hat genähte Wunden am Oberschenkel und an der Schulter, ihren Unterarm ersetzt eine Prothese. In ihrem Schädel stecken mehrere Nägel, obendrauf kauert ein insektenartiges Tier mit langen Fühlern. Zwischen den beiden auf dem Boden sitzend das Kleinkind, ein Junge mit einer Handprothese in Kindergröße. Während die beiden Erwachsenen immerhin Gesichter haben, mit feinen Punkten ausgearbeitete Augen, Nasen und Münder, trägt das Kind stattdessen ein schwarzes Loch. Für ein zweites Kind ist in dieser Familie kein Platz. Ich sehe meinen Ausschluss bestätigt. Fast könnte ich froh darüber sein.

Einmal, es ist Jahre her, ist es mir gelungen, eine von Pauls Tuschzeichnungen in einer Kulturzeitschrift zu veröffentlichen. Sie zeigt einen einäugigen Mann mit einer riesigen Ausstülpung an der Wange, an dessen Kopfinhalt sich verspielt gemusterte Käfer laben. Durch den Spalt in seiner Unterlippe kann man drei Zähne erkennen. Er schaut nicht besonders glücklich drein, um es vorsichtig auszudrücken. Dass Paul mir die Zeichnung damals zur Veröffentlichung anvertraute, wundert mich heute noch; ob er sich darüber freute, gab er nicht zu erkennen. Anders als ich ließ er sich durch die Meinung anderer nicht vom Glauben an seine eigene Wertlosigkeit abbringen.

«Gelähmt durch eine ebenso verzweifelte wie hoffnungslose Umarmung mit zu Großem, das meine Aufnahme verweigert, mich fest an sich drückt, ohne mich einzulassen, nicht bereit, die Umklammerung zu lockern und mich freizugeben.» Diesen unfertigen Satz finde ich in Pauls Schreibblock, in dem nur zwei Sätze stehen. Alle anderen Seiten füllen winzige, gekritzelte bibliographische Hinweise auf die Werke der zu Großen.

Als Schüler zeichnete er den Schriftsteller Comte de Lautréamont mit Tusche als Dandy – das Gesicht abgewandt, am breitkrempigen Hut eine wehende Feder, in seinen stilisierten Körper eingeschrieben Bäume, Blumen und elegante Schnörkel. Es ist eine der wenigen fröhlichen Zeichnungen, sie steht in einem freihändig gezogenen Rahmen und strahlt jugendliche Begeisterung für das abgebildete Idol aus. Neben Lautréamont waren Pauls Helden damals Raymond Radiguet und Arthur Rimbaud. Radiguet starb mit zwanzig an Typhus, Lautréamont mit vierundzwanzig an Tuberkulose, Rimbaud mit siebenunddreißig an Knochenkrebs, junge Männer alle drei, die sich rückhaltlos ins Leben warfen. «Jedes Alter trägt seine Früchte, man muss sie nur zu pflücken wissen», schrieb Radiguet, dessen erster Roman kurz vor seinem Tod für immenses Aufsehen sorgte. Paul hätte gern ein solches Aufsehen erregt, das denke ich schon, doch ließ er sich von der hoffnungslosen Umarmung ersticken. Jeder Vergleich mit den Großen – später kam für ihn Kant hinzu, Kafka, Benjamin, Hegel und all die Philosophen, deren Werke meinen Horizont bei weitem überschreiten – ließ ihn mutlos werden. Welche Anmaßung aber auch, sich ausgerechnet an diesen zu messen! Warum konnte er sich nicht mit seiner Mittelmäßigkeit bescheiden? Durch den ständigen Vergleich hat sich Paul, der so überzeugt war, nicht in seine Zeit zu passen, als gläubiger Anhänger des kapitalistischen Wettbewerbs erwiesen.

Als er so alt war wie Raymond Radiguet bei seinem Tod, studierte Paul Philosophie und beschäftigte sich mit Kants Ethik. Die einzige «persönliche» Äußerung, die ich unter seinen Papieren im untersten Fach von Mutters Kasten finde, überwiegend Mitschriften aus Philosophie-Vorlesungen und Proseminaren, ist die Kopie eines mit Schreibmaschine getippten Briefes an einen englischen Freund. Paul setzt sich hier mit dem Problem der Liebe bei Kant auseinander. Sie sei die große Ausnahme im Handeln des Menschen, weil sie sich nicht sinnvoll in dessen ethisches System der praktischen Vernunftprinzipien integrieren lasse. «Man kann in der Tat bei Kant nicht selten eine gewisse Schwerfälligkeit, Unsicherheit und bisweilen unüberwindbare Schwierigkeiten erkennen, die sich ihm unausgesetzt im Zusammenhang mit allem, was mit der Liebe in Verbindung gebracht werden kann, in den Weg legen», schreibt Paul. Neigung und nicht Pflicht gäben in der Liebe die Maxime und das Gesetz des Handelns ab. Das Problem der Liebe sei kein Randgebiet des Moralischen, «oder sollte sie gar jenseits von Gut und Böse stehen?!». Das ist alles, was ich aus dem zwölfseitigen Brief verstehen kann.

Für das spätere Leben meines Bruders habe ich den Eindruck, dass Neigung und Pflicht in eins fielen. Es war seine Pflicht, der Mutter, die materiell für ihn sorgte und ihm so ein Leben ermöglichte, das sich heute nur betuchte Privatgelehrte leisten können, dieser älter und immer älter werdenden Mutter psychische und zunehmend physische Fürsorge zukommen zu lassen. Nach dem Tod des Vaters kapselte sie sich von den wenigen Menschen ab, mit denen sie bis dahin noch Umgang gepflegt hatte, einzig ihr Sohn blieb als Bezugsperson übrig, und ihn richtete sie sich für ihre Zwecke ab. In wechselseitiger Abhängigkeit waren sie aneinandergekettet. Bis zum bitteren Ende, wie man so sagt.

Aber Liebe war es eben auch, sie hat sich mir ein einziges Mal gezeigt: als die Mutter nach ihrem ersten Schlaganfall im Krankenhaus lag. Der Hall in den endlosen Gängen, der Geruch nach Putzmitteln und Medikamenten. Eine Ahnung von Verwesung. Urin, Kot, Blut, sterbender Atem. Paul war schon da, mit steinernem Gesicht stand er neben ihrem Bett. Wir sahen einander nicht an. Wir schämten uns voreinander, weil es der Augenblick war, an dem wir Gefühle zeigen sollten. Die Mutter stirbt. Wenige Stationen im Leben können einschneidender sein. Wie in Panik mieden wir jeden Blick. Zwischen uns die Mutter, klein und zerbrechlich, mit geschlossenen Augen, die einstige Herrin über unser Leben. War schon ihre Herrschaft schwer erträglich gewesen, wie war es erst ihre Hilflosigkeit. Ich konnte nichts anderes spüren als Widerwillen und den Wunsch, möglichst schnell wegzukommen, die Angelegenheit Paul zu überlassen.

«*Touch her*», hatte mir eine englische Freundin am Telefon geraten, im Koma liegende Menschen könnten spüren und hören. Wie ein Schriftzug hatten sich diese beiden Worte mir ins Hirn gebrannt. Die Schultern der Mutter waren so schmal, dass sie sich durch den Halsausschnitt ihres Nachthemds bohrten. Ein gefällter Drache. Ich beugte mich zu ihr hinunter und streichelte sie. Ich hatte Angst davor, diese Frau zu berühren, die ihren Körper stets wie einen Panzer vor sich hergetragen hatte, aber ich tat es doch. Zaghaft streichelte ich ihre bloße, abgemagerte Schulter, als hätte ich noch nie im Leben nackte Haut angefasst.

Es war eine Überraschung: Ihre Haut war nicht hart, wie ich es erwartet hatte von meiner Mutter, sondern seidenweich. Schutzlos. Da musste ich weinen. Meine selbstherrliche Mutter war schutzlos!

Ich hatte zugesehen, wie sie in den letzten Jahren immer kleiner geworden war, jetzt kam ich mir neben ihr vor wie eine Riesin und bin doch selbst eher klein.

Eine Zeitlang war sie aufgequollen gewesen von den Cortisonspritzen, die man ihr zur Linderung des Asthmas gab. Ihre Anfälle waren schrecklich, sie hustete sich buchstäblich die Seele aus dem Leib. Aber ich empfand kein Mitleid, konnte ich mich doch des Eindrucks nicht erwehren, das sei eine Inszenierung, ein Vorwurf. Sieh her, böse Tochter, das tust du mir an. Ich hatte ihr früher mehrmals geraten, einen anderen Arzt aufzusuchen, doch sie hatte darauf bestanden, dass Asthma unheilbar sei. Punktum. Paul besaß nicht die nötige Durchsetzungskraft, sie zum Besuch eines Facharztes zu bewegen, vielleicht hat er es aber auch nie versucht.

Nach dem Schlaganfall konnte Paul sie nicht mehr selbst versorgen. Meine Cousine verschaffte ihr einen Platz in dem Pensionistenwohnheim, in dem sie arbeitete. Mutter wurde dort gut gepflegt, eine polnische Schwester sprach zu ihr in ihrer Muttersprache, das gefiel ihr. Nur wenn sich ihr Zustand verschlechterte, musste sie zurück ins Spital. Als ich sie dort einmal besuchen kam, machte sie während der Visite dem Arzt gegenüber einen Witz und lachte. Es war wie ein Geschenk. Sie sah gut aus, interessant, anders als die anderen alten Frauen. Ihr weißes Haar kurz geschnitten, die Augen groß, weil sie so mager geworden war. Fast wie auf ihrem Maturafoto: große, traurige, dunkelbraune Augen. Ärzte und Krankenschwestern behandelten sie mit Respekt. In dem Moment war ich sogar ein bisschen stolz auf sie. Ich hätte sie gern öfter lachen sehen in den Jahren, die an uns vorübergezogen waren.

Jetzt aber liegt meine Mutter im Koma. Paul und ich stehen an ihrem Bett. Ich streichele ihre Schulter, und meine Augen werden feucht. Als ich verstohlen den Blick hebe, sehe ich eine Träne auf Pauls Wange. Was ich selbst empfinde, wohl kaum mehr als ein Anflug sentimentaler Rührung, lässt sich mit dem, was ich in seinen Augen sehe, nicht vergleichen. Es ist ein Blick voller Liebe. Mehr lässt sich nicht sagen: Es ist Liebe. Ich schaue weg. Es ist, als sei er nackt. Als junge Frau habe ich ihn mir oft nackt vorgestellt, seine sexuelle Enthaltsamkeit reizte mich. Ich stellte mir vor, wie es wäre, mit ihm zu schlafen, oder zuzusehen, wie eine andere Frau ihn verführt. Er sah gut aus, hatte breite muskulöse Schultern, eine aufrechte Haltung und war im Sommer stets braungebrannt. Nackt hatte ich ihn zuletzt gesehen, als wir als Kinder gemeinsam in der Badewanne saßen und er mit seinem kleinen Pimmel ins Badewasser pinkelte.

Und jetzt dieser Blick. Wir sprechen kein Wort, auch nachher nicht, als wir gemeinsam das Krankenhaus verlassen. Plötzlich fängt Paul an zu rennen, läuft so schnell, dass ich ihn nicht einholen kann. Ich habe auch keine Lust. Soll er nur rennen. In der Ferne sehe ich, wie er in letzter Sekunde in die Straßenbahn Nummer 60 springt. So müssen wir auf dem Heimweg nicht miteinander sprechen. Es gibt auch nichts zu sagen.

Am nächsten Tag, als die Mutter auf wundersame Weise aus dem Koma erwacht ist, kann ich die zärtliche Berührung nicht wiederholen. Ihre Augen sind wieder hart.

Nach dem Tod der Mutter schrieb ich einen Text, um ihn meiner österreichischen Verwandtschaft bei einer kleinen Feier vorzulesen, die wir anstelle des Begräbnisses planten. Ich hoffte, der Text würde helfen, eine Brücke zu meinem Bruder zu schlagen, endlich mit ihm ins Gespräch zu kommen. Ich hatte ihn seit dem Todestag der Mutter nicht mehr angerufen. «Soll ich kommen?», fragte ich ihn bei diesem letzten Gespräch. «Nein, nicht nötig», antwortete er und klang seltsam gefasst, obwohl er gerade vorher noch auf meinen Anrufbeantworter geweint hatte. Ich wollte es glauben.

Danach schickte ich ihm noch einen eiskalten Brief, in dem ich ihn um die Überweisung einer Geldsumme bat, die er mir schuldete, und ihm ansonsten alles Gute wünschte. «Ich habe getan, was ich tun konnte», schrieb ich, als würde ich ihn nie wieder sehen, stellte ihm aber anheim, mich bei meinem nächsten Wienbesuch zu treffen. Wenn ich den Brief jetzt lese, erschaudere ich. Auch meine Weihnachtsreise nach Italien kann ich heute nicht mehr begreifen. Es war, als habe angesichts des nahenden Todes der eigenen Mutter ein mächtiger Selbsterhaltungswille meine Fähigkeit zur Empathie eingefroren. Ich wollte mich nicht stellen und spürte die Kälte meines Handelns nicht. Erst auf dem Rückflug aus Italien, nach angenehm verbrachten Urlaubstagen, meldete sich das überfällige Schuldgefühl. Als ich meine Berliner Wohnung betrat, in der festen Absicht, gleich am nächsten Tag nach Wien aufzubrechen, hörte ich den Anrufbeantworter ab: Eine Nachricht von Paul, die Mutter war soeben verstorben. Ich rief ihn sofort an.

Dann öffnete ich die Post. Ich fand ein Billett von meinem Bruder vor, von der geblümten Art, die man eilig im Warenhaus kauft, um gerade noch rechtzeitig einem Bekannten zu gratulieren. Er wünschte mir alles Gute zum Geburtstag und viel Erfolg im kommenden Jahr. Kein Wort über den Zustand der Mutter. Diese erneute Ausstoßung verletzte mich so tief, dass ich ihn drei Wochen lang nicht wieder anrufen konnte. Bis meine Cousine mich besorgt verständigte, dass sie Paul seit Stunden nicht erreichen könne. Bis das Telefon spätnachts in die leere Wohnung schrillte.

Bei unserem letzten Abschied am Westbahnhof im November des Vorjahres hatte es so etwas wie geschwisterliche Wärme gegeben zwischen uns. Wir hatten uns in einem Lokal zusammengesetzt, und ich gab Paul ein Blatt mit schriftlichen Anweisungen, was er im Fall des Ablebens der Mutter zu tun hätte. Er könnte Sozialhilfe beantragen, in seinem Alter und ohne Ausbildung hätte er unter den gegebenen ökonomischen Bedingungen keine Chance auf einen Arbeitsplatz. Wenn er bereit wäre, sich ein psychologisches Gutachten ausstellen zu lassen, könnte er sogar als sogenanntes Holocaustopfer der zweiten Generation eine Waisenrente beziehen. Meine Cousine mit ihren vielfältigen Verbindungen würde ihm den Weg erleichtern. Er könnte alten Leuten in Wiener Pensionistenwohnheimen Englischunterricht geben, auch darum würde sie sich kümmern. Alle drei Angebote lehnte Paul ab, er wollte dem Staat nicht zur Last fallen, und seine Englischkenntnisse hielt er für nicht ausreichend. Als mein Zug abfahrbereit war, umarmte ich ihn, was ich noch nie getan hatte. «Ich will, dass es dir gutgeht. Ich will nicht, dass du stirbst.»

Es war ein dramatischer Abschied, das Höchstmaß an Emotion, zu dem wir fähig waren. Es war wie eine Ahnung, dass es das letzte Mal sein würde. Als unsere Augen feucht wurden, schauten wir verlegen zu Boden.

Wenn er nicht mehr anders konnte, rief er nun, was zuvor nie vorgekommen war, in Berlin an und sprach sogar auf den Anrufbeantworter, eine Maschine, vor der er wie vor allen Maschinen Angst hatte. Manchmal weinte er. Ich rief sofort zurück, stets in der Hoffnung, ihm dieses Mal nahezukommen. Doch unser Gespräch verlief distanziert wie immer, manchmal hart. Es schmerzte mich, dass er mich nicht einbezog. Auch in der größten Not bildeten er und die Mutter eine geschlossene Einheit. Ich hatte sie verlassen, zuerst die gemeinsame Wohnung, dann auch gleich das ganze Land, hatte mich mit familienfremden Menschen eingelassen, dafür musste ich büßen. «Du hast dich nie um uns gekümmert, da musst du es auch jetzt nicht tun», schleuderte er mir entgegen, wenn ich mich helfend einmischen wollte. Wie konnte ich ihm sagen, wie sehr *ich* mich verlassen fühlte?

DIE COUSINE hat den großen Küchentisch gedeckt, weißes Tischtuch, geschliffene Kristallgläser, die Verwandtschaft ist festlich gekleidet. Erstaunlich viel Verwandtschaft für eine wie mich, die sich immer allein auf der Welt wähnt. Nachher wollen wir beim Chinesen ums Eck essen gehen. Ein Leichenschmaus mit virtueller Leiche. Den Text, den ich vortragen will, habe ich vor Pauls Verschwinden geschrieben. Nun gibt es möglicherweise zwei Todesfälle zu betrauern, niemand gesteht es sich ein, aber alle ahnen es. Der Tod der Mutter tritt in den Hintergrund. Mit neunundachtzig zu sterben ist normal. Alle um den Tisch haben Paul gemocht, ihn als charmanten, vor Klugheit, Witz und, ja, auch Leichtigkeit sprühenden jungen und dann allmählich älter werdenden Mann gekannt. Die Situation klemmt mir den Atem ab. Ich lese mit gepresster, schwankender Stimme, kann mich nicht konzentrieren. Mit mir denken alle an ihn statt an die Person, deren Trauerfeier dies ist. Wenn Paul zu ihren Lebzeiten stets im Schatten der Mutter stand, kann er ihr nun ein einziges Mal die Schau stehlen.

«Ach, Mutter, jetzt bist du gestorben. Unser jahrzehntelanges Schweigen kann nun in alle Ewigkeit fortgesetzt werden. Jetzt gibt es nicht einmal mehr diese eine verrückte kleine Hoffnung, wir würden uns eines Tages doch noch aussprechen.»

So beginnt mein Brief an meine tote Mutter.

«Als ich endlich begriff, dass die Zeit knapp zu werden drohte, hast du dich entschieden zu gehen. Schon vor Wochen hat er sich angekündigt, dein Tod. Du hast aufgehört zu reden, und deine Augen waren leer. Ich wusste, dass es ein Risiko war, nach Italien zu reisen. Das Nachsehen habe nur ich selbst. Vielleicht hättest du einen Augenblick der Freude erlebt, mich noch einmal zu sehen. Vielleicht wäre es dir egal gewesen. Im Nachhinein hadern nur die Lebenden.

Du hattest keine Lust mehr, hast dich in den letzten Monaten nicht mehr um das Leben bemüht, hast das Essen verweigert und das Trinken. Bist immer dünner geworden und schwächer. ‹Mitte Februar bin ich wieder in Wien›, habe ich dir gesagt, als ich dich das letzte Mal sah. Das war Anfang November. ‹Mitte Februar›, hast du tonlos geantwortet.

Du warst bis aufs Skelett abgemagert, sagt mein Bruder. Er war fast bis zum Ende an deiner Seite. Ich bin froh, dass er mir diese Qual abgenommen hat all die Monate zuvor, Tag für Tag die langen Stunden mit dir, die immer stärker eingeschränkte Unterhaltung, deine Vergesslichkeit von einem Wort zum nächsten, die mühsamen Versuche, dir Nahrung aufzudrängen, dich zu überreden, etwas zu trinken, deine dauernde Forderung, dich aufs Klo zu begleiten, oft im Minutentakt. Die Schimpftiraden gegen die freundlichen ägyptischen Pfleger, deine Drohung, aus dem Fenster zu springen, sollte man dich nicht nach Hause gehen lassen.

Wenn ich an deinem Bett saß, habe ich immer wieder gehofft, du könntest mich wahrnehmen. Mich, dei-

ne Tochter. Doch nachdem ich gegangen war, habe ich
dir nicht gefehlt, du hast auch später nicht mehr nach
mir gefragt. Ich wäre noch einmal gekommen, wenn
du es getan hättest. Wenn mein Bruder einen solchen
Wunsch an mich weitergeleitet hätte. Jetzt beneide ich
ihn um diese Zeit mit dir. Er konnte sich von dir ver-
abschieden. Du hast es gutgehabt mit ihm, und er hat
dich geliebt.

Es tröstet mich, dass du nicht allein warst. Und es
tröstet mich die Erinnerung, dass du zumindest einmal auf mich gewartet hast, im November, als ich erst
spät ins Pensionistenwohnheim kam. Du konntest
dich erinnern, dass ich in der Stadt war, um zu dir zu
kommen. Ich war beim Frisör gewesen, hatte die Be-
suchszeit abkürzen wollen. Dabei hatte ich mir vorher
vorgenommen, Zeit mit dir allein zu verbringen, mich
einzulassen auf deine in die Kindheit zurückgehende
Erinnerung. Zeit mit dir und ohne Paul, der stets mit
aller Macht versucht hat, dich in der Gegenwart zu
halten. Er konnte deine Verwirrung nicht ertragen, sie
hat ihm wohl zu große Angst gemacht. – Es hat sich
nicht ergeben. Ich habe es selbst verhindert, fürchtete mich vor dem Augenblick des Schweigens, oder,
schlimmer noch, vor den Gefühlen, die sich hätten
zeigen können. Vor Gefühlen, die ich jahrzehntelang
herbeigesehnt habe.

Mit Gefühlen haben wir uns so schwergetan. Oft
hast du nicht einmal die Antwort auf die Frage ‹Wie
geht es dir?› abgewartet. Kaum setzte ich zu einer Antwort an, warst du schon wieder bei dir. Bis ich aufgab

und immer nur ‹gut› sagte. Hätte ich ‹schlecht› geantwortet, hättest du nicht nachgefragt, und das hätte ich nicht ertragen. Also habe ich meine Gefühle weggepackt, so tief, dass ich meinte, keine zu haben.

Und doch warst du immer die Erste, der ich einen veröffentlichten Artikel, ein neuerschienenes Buch schickte, stets von neuem hoffend, du würdest mich loben. Immer musste ich nachhaken. ‹Hast du es gelesen?› – ‹Ja, sehr interessant.› Von dir kam keine Frage, kein Einwand, keine Auseinandersetzung. Verwandte berichten mir, du seist stolz auf mich gewesen. Wieso habe ich es nicht bemerkt? Ja, doch, wenn ich eine Lesung hatte, einen Vortrag hielt, dann bist du in der ersten Reihe gesessen, mir direkt vor der Nase. Das war mir peinlich, denn ich habe deine Anwesenheit nicht als ein Interesse an mir selbst verstanden, sondern als Mutterstolz gegenüber dem Publikum im Saal. Vielleicht war es aber nicht so.

Mit meinem Aussehen konnte ich deine Aufmerksamkeit erregen. ‹Du siehst gut aus›, hast du mir gesagt, wenn ich zu Besuch kam. ‹Danke›, habe ich geantwortet, mich gefreut, doch sogleich warst du wieder bei dir. Trotzdem habe ich mich immer zurechtgemacht, wenn ich zu dir kam. Dieses eine Lob wollte ich mir holen.

Seit ich mich erinnern kann, warst du für mein Äußeres zuständig, hast für mich Kleider genäht und meinen Geschmack geformt. Für das, was ich unter meinen Kleidern bin, habe ich keine Anteilnahme gespürt. Aber irgendwann muss es da Liebe gegeben haben. Nächtelang hast du mir polnische Wiegenlieder vorgesungen, wenn ich als Kind krank war und nicht schlafen konnte. Deine Muttersprache ist mir unter die Haut gekrochen. Wie schade, dass du sie mir nicht beigebracht hast, jetzt lerne ich sie mühsam alleine. Meine Kindersprache war deine Sprache nicht, meine Bildungssprache ebenso wenig. Vielleicht lebten wir einfach in verschiedenen Zungen.

Wenn du über dich geredet hast, schwang ein Vorwurf mit, ein Appell an mein Mitleid, eine Klage. Niemals konnte ich unbeschwert antworten, immer lauerten dein Alter, dein Asthma, deine Einsamkeit, dein gescheitertes Leben. Mein Bruder hat andere Seiten von dir gekannt. ‹Komm, lass uns spazieren gehen, es ist so schön draußen›, hast du ihn ermuntert. Aber Paul war dein Besitz. Als ich dich einmal im Pensionistenwohnheim besuchte, wollte ich dich zwingen, dich zu freuen. Es war ein sonniger Nachmittag. ‹Komm, lass uns spazieren gehen, es ist so schön draußen.› Die Pfleger zogen dich warm an, und ich brachte dich im Rollstuhl nach draußen, stellte ihn in die Sonne. Das Schilf in dem kleinen Teich mit den Wasserrosen glitzerte im Wind, genau in Höhe deiner Augen. ‹Ist das nicht schön?› – ‹Ja, schön, aber mir ist kalt, ich will hinein.› Ich habe dir nicht geglaubt, hielt das für eine deiner Bosheiten. Aber vielleicht war dir tatsächlich kalt, der Tod schon so nah.

Dass du abbaust, hat sich angekündigt. Einmal, als ich bei dir zu Hause das Nachtmahl bereitete, kamst du in die Küche mit weitaufgerissenen Augen: ‹Wer ist diese Person?› Du sahst aus wie eine Verrückte. ‹Die

Irre von Chaillot›, machte sich Paul lustig. Ich hielt es für einen Wink, dachte, du wolltest mir zeigen, dass ich fremd bin in deinem Haus. Wir hatten gerade gestritten – gestritten, soweit das möglich war mit dir. Meistens, wenn ich dich kritisiert habe, hast du angefangen zu weinen und gesagt: ‹Lass mich in Ruh.› Ich habe dich dann in Ruh gelassen, und du hast es mir mit Schweigen heimgezahlt. Niemals hast du mich angerufen, immer musste ich den ersten Schritt tun, deine Grußkarten zum Geburtstag enthielten nichts Persönliches. Als ich mich scheiden ließ, kein einziges Wort des Trostes, keine Nachfrage. Aber wahrscheinlich hätte ich deinen Trost auch nicht angenommen.

Denn ich weiß ja, sobald du Gefühle gezeigt hast, war es mir unangenehm. Mitte der achtziger Jahre war ich im Spital wegen einer Gebärmutteroperation. Am Tag nach der Operation bist du mit Paul gekommen und warst bestürzt. Ich hing am Tropf und war wütend. Ich wollte nicht von dir besucht werden. Ich wollte deine Gefühle nicht, jetzt auf einmal, nur weil ich krank war. Ich wollte, dass du *mich* liebst, nicht meinen Körper. Und es war mir auch peinlich, weil es um meinen Unterleib ging.

Ach, Mutter, der Unterleib, damit hat es angefangen. Ich war einundzwanzig, schwanger und verzweifelt, die Abtreibung damals noch illegal. Wie sehr hätte ich mir eine Mutter gewünscht, die mir beistand. Vielleicht hättest du das sogar getan, schließlich warst du Frauenrechtlerin, bist mit uns Feministinnen für die Legalisierung des Schwangerschaftsabbruchs auf die Straße gegangen. Aber ich, deine Tochter, hatte Angst, du würdest mir bloß Vorwürfe machen, und habe dir nichts davon erzählt. Damals ist etwas zerbrochen. In der Stunde meiner größten Not hatte ich keine Mutter.

Das andere Mal war noch schlimmer. Wir waren zusammen in Warschau. Ich war begierig, junge polnische Menschen kennenzulernen. Da wurde ich von einem Mann in eine Falle gelockt, allein in seiner Wohnung hatte ich keine Chance. Als ich schrie, schloss er das Fenster und schlug mir ins Gesicht. Da ließ ich es geschehen. Nachher bot er mir Tee an. Benommen verließ ich das Haus, ohne mir die Adresse zu notieren. Ich kehrte zurück in die Wohnung deiner Cousine, wo du mit einer Gruppe von Frauen bei lebhaftem Gespräch zusammengesessen bist. Ich legte mich ins Nebenzimmer auf die Couch und schlief ein. Schon bald hatte ich den Vorfall vergessen, verdrängt, wie die Psychologen sagen. Dir habe ich nie etwas davon erzählt. Ich hatte kein Vertrauen.»

Die Tochter meiner Cousine ist weiß im Gesicht, sie sieht aus, als würde sie jeden Augenblick umkippen. Ich zögere, habe auf einmal Angst, meinen Zuhörern zu viel zuzumuten, sie noch stärker zu verletzen, als ich mich selbst verletzt fühle. Doch ich lese weiter:

«Als du im August ins Spital kamst, habe ich dir ein Nachthemd und Unterwäsche gekauft. Die Wäsche, die mein Bruder dir mitgegeben hat, war in einem katastrophalen Zustand. Seit langem hast du es abgelehnt, deine Kleidung oder irgendeinen Gegenstand in der Wohnung zu erneuern. ‹Ich bin schon so alt, es zahlt sich nicht mehr aus›, hast du gesagt, zwanzig Jahre lang. Ich habe dir weiße Slips gekauft, solche wie ich sie selbst trage, konnte mich nicht dazu durchringen, dir Greisinnenunterwäsche mit Beinansatz zu besorgen. Doch die Beinöffnungen waren viel zu groß, sie legten deinen halben Unterleib frei. Ich habe deine faltige Haut gesehen, als ich dir beim Anziehen half. Der Anblick war mir unangenehm, doch du warst zu hilflos, um Scham zu empfinden. Das hat mich gerührt. Meine herrische Mutter mit der lauten Stimme so abhängig jetzt.

Eigentlich warst du immer beides, herrisch und abhängig zugleich. Mit deiner Bestimmtheit in den kleinen Dingen des Alltags hast du Paul an dich gekettet, in den großen Dingen warst du seltsam kraftlos. Ich habe dir beides vorgehalten. Die Bestimmtheit, mit der du Behauptungen aufgestellt hast, die falsch waren, und ich als Kind konnte das gar nicht einschätzen – und deine Unfähigkeit, aus deinem Leben etwas zu machen. Du hättest als Goldschmiedin arbeiten können, als wir Kinder größer wurden. Die Menschen waren wieder bereit, Geld für Schmuck auszugeben. Ich hätte mir eine erfolgreiche, zufriedene Mutter gewünscht statt der nörgelnden, missmutigen Hausfrau.

An deiner Stelle sollte ich emanzipiert sein, das verwirklichen, was dir nicht gelungen ist. Warst du zufrieden mit dem, was aus mir geworden ist? Ich hätte mich gefreut, wenn du mich in Berlin besucht hättest, hätte dir gern meine Wohnung gezeigt, eingerichtet in dem Geschmack, den ich von dir gelernt habe. Wollte dir zeigen, dass zwei von dir gewebte Teppiche einen Ehrenplatz einnehmen.

Ich betrachte die letzten Fotos, die die Cousine von uns gemacht hat: Du schaust freundlich drein, unter dem Arm den Stoffelefanten, den ich dir geschenkt habe, ein tröstendes Kuscheltier. An deiner Seite Paul und ich: Wir sehen dich liebevoll an und lächeln. Eine nette Familie. Du hast Wunden an den Knien, ein Bein ist verbunden, weil du mehrmals aus dem Bett gefallen bist.»

Ich mache eine Pause. Drei Monate ist das nun her, es ist ein Augenblick der Wärme gewesen. Dann komme ich auf die Bestattungsart zu sprechen, die meine Mutter gewählt hat, das Verwertungsangebot an das Anatomische Institut der Universität. «War das eine schreckliche Aggression gegen dich selbst? Ein letztes Zeichen für deine Kinder? Sollte es keinen Ort geben für eine mögliche Trauer? Du bist einfach verschwunden, hast dich in Luft aufgelöst wie deine Eltern in Treblinka. Dein Leichnam wird in seine Bestandteile zerlegt und irgendwann eingeäschert und beigesetzt werden. Anonym. Vermischt mit der Asche anderer. Ich kann es jetzt nicht mehr ändern, aber ich will dir trotzdem sagen, welches Begräbnis ich gern für dich gehabt hätte: eine nach dem jüdischen Ritus nicht vorgesehene Feuerbestattung und ein Grab auf dem Jüdischen Friedhof. Beim Begräbnis hätte ich diese Rede gehalten. Ich weiß, du hast das Jüdische in deiner Geschichte stets abgewehrt, ein Selbstschutz gewiss, um weiterleben zu können. Du würdest über meine Sentimentalität nur lachen.

Wir haben verschiedene Sprachen gesprochen, und doch habe ich dein ungeliebtes Erbe aufgegriffen. Freundinnen wundern sich, warum ich so selten meinen Vater erwähne, den Wärmeren von euch beiden. Es ist aber dein Erbe und nicht seins, das mir ans Herz geht. In meiner Wohnung stehen die Fotos deiner Eltern, die ich nie gekannt habe. Ich versuche anzuknüpfen an etwas, das es in deiner Familie vielleicht so gar nicht gegeben hat, ich weiß immer noch zu wenig über sie. Ich hätte dir gern von meinem Weg erzählt. Von dem Davidstern, den ich um den Hals trage, den ich aber unter den Pullover stecke, wenn ich mich verletzbar fühle. Von meinen jüdischen Freundinnen und Freunden in Berlin und wie ich allmählich eine gewisse Zugehörigkeit entwickle. Wie ich angefangen habe, Hebräisch zu lernen, obwohl ich nicht weiß, wozu es gut sein soll. Und dass ich für dich in der Synagoge das Kaddisch sprechen werde, zwar nicht so häufig, wie es der Brauch ist, aber ab und zu, wenn ich mich danach fühle. So stelle ich eine Verbindung her. Das alles wollte ich dir vor deinem Tod sagen, aber dann habe ich es nicht getan.

Wir haben uns nie etwas aus Begräbnissen gemacht, sagt Paul. Sie sind, mag sein, ebenso überflüssig wie unsere Geburt. Und dennoch leben wir.»

Ich lese den letzten Satz meines Textes mit tränenerstickter Stimme. Wie zum Trotz lese ich ihn. «Und dennoch leben wir.»

Die Runde um den Tisch mit den im Kerzenlicht

glitzernden Gläsern schweigt. Alle denken dasselbe. Es ist der große Auftritt meines Bruders. Ich habe von einigen seiner Zeichnungen Fotokopien angefertigt und verteile sie nun. Sie lassen das Schweigen noch tiefer werden.

Es ist nicht leicht, meinen österreichischen Angehörigen einen so intimen Brief vorzulesen. Sie gehören mir nicht wirklich an. Außer mit meiner Cousine habe ich seit Jahrzehnten mit keinem von ihnen Kontakt gehalten. Sie leben so anders als ich, tragen die Sicherheit, die ihnen ihre Familie gibt, wie eine Fahne vor sich her. Ich bin die Einzige, die allein ist. Wie durch eine Glaswand fühle ich mich von ihnen getrennt und suche mit diesem Brief doch ihre Nähe.

Ob sie mich verstehen – ich weiß es nicht. Auch nicht, was sie von meiner zaghaften Annäherung an das Judentum halten. Es ist mir ja selbst vertraut und fremd zugleich. Seit einigen Jahren begehe ich das Pessachfest, lade mir dazu eine Freundin ein, die liturgisch bewandert ist, ich selbst kann nicht mehr anbieten als meine Wohnung und meine Gastfreundschaft. Es ist ein hilfloser Versuch, jenseits des kollektiven Schoah-Schicksals etwas Positives zu finden, das mir im Judentum Halt gibt.

Als ich vor dreißig Jahren in Haifa an einem Pessachfest bei alten Bekannten meiner Mutter teilnahm, wurde mir schlagartig bewusst, dass ich trotz meines nichtjüdischen Vaters und meiner unjüdischen Mutter in einem jüdischen Haushalt aufgewachsen bin.

Die Lautstärke der Gespräche, das Durcheinander, das gegenseitige Sichunterbrechen, das Fehlen jeder Manierlichkeit, die Mehrsprachigkeit – ich fand dies in Haifa wieder. Seit damals weiß ich, dass mein Jüdisch-Sein vor allem eine kulturelle Vertrautheit mit jüdischen Menschen ist, mit denen ich mich mühelos unterhalten kann, wo immer auf der Welt wir einander begegnen. Natürlich ist es auch die Schoah, die uns verbindet, besonders die Juden meiner Generation. Jeder hat Geschichten von Verlust und Verfolgung zu erzählen, und sie hören nicht auf, uns zu interessieren, sie sind uns so sehr in Fleisch und Blut übergegangen, wie man sagt, dass wir darüber sogar lachen können.

ALTE SCHULFREUNDINNEN sagen mir, dass sie gern zu uns zu Besuch kamen, weil es bei uns anders war als bei ihnen zu Hause, lebendiger, bunter, weniger spießig und auf Konvention bedacht. Für dieses Erbe bin ich meiner Mutter dankbar, es hat mich aber auch dazu verurteilt, mich im deutschsprachigen Raum fremd zu fühlen. Das einzig Jüdische, das ich in meiner Jugend an unserer Mutter erkennen konnte, war die Verfolgungsgeschichte ihrer Familie, die ermordeten Großeltern, ihr Abscheu vor den Nazis, die ihr Leben zerstört haben, und die in alle Welt verstreute Verwandtschaft. Ich habe oder hatte jüdische Verwandte in Polen, England, Kanada, Brasilien und vor allem in Australien. Nicht alle habe ich kennengelernt. Meine Mutter hat kaum von ihnen erzählt, kaum Hinweise hinterlassen. Von ihrem sozialistischen Onkel, den sowohl sie als auch ihre Schwester verehrte, sagte sie nur, dass er «grauenhaft zugrunde gegangen» sei. Näheres weiß ich nicht.

Als ich sie in späteren Jahren nach ihrer Familie befragte, erfuhr ich zu meinem Erstaunen, dass weder ihre Eltern noch sie selbst christliche Freunde hatten. «Die wollten doch von uns nichts wissen», rief sie mit ihrer kräftigen Stimme und war immer noch empört. Im Alter von vier Jahren hatte sie eine deutsche Gouvernante namens Fräulein Anna gehabt. Deutsche Fräuleins waren bei Juden beliebt, weil sie ordentlich und anständig waren. Zur Zeit des Fräulein Anna, zu Beginn des Ersten Weltkriegs, trugen meine Mutter und ihre ältere Schwester schneeweiße Kleider und taillenlanges Haar, das für den Fotografen mit riesigen Schleifen zusammengebunden wurde. Die Schwester schaut sanft in die Kamera, meiner Mutter sieht man schon mit vier das Rebellische an. Jahre später kamen beide Mädchen zum Entsetzen ihrer Mutter mit einem Bubikopf vom Frisör. Eine neue Zeit war angebrochen.

Ich erfuhr, dass an der katholischen Privatschule, die meine Mutter besuchte, in jede Klasse nur vier oder fünf jüdische Kinder aufgenommen wurden. Niemals wäre es den Eltern in den Sinn gekommen, ihre Kinder auf eine jüdische Schule zu schicken. Dort hätten sie kein akzentfreies Polnisch gelernt, die wichtigste Voraussetzung für ihre Integration. Die Gründerin der Schule war von aufgeklärten, patriotischen Juden großzügig finanziell unterstützt worden, was sie nicht daran hinderte, schon bald eine inoffizielle Quote für jüdische Kinder einzuführen. Gewiss betrachtete sie diese Maßnahme als Schutz ihrer katholischen Schülerinnen vor «Überfremdung», schließlich lebten in Polen drei Millionen Juden, ein Zehntel der Bevölkerung, und Juden legen bekanntlich großen Wert auf Bildung.

Ich erfuhr, dass meine Mutter als Jüdin von den Pfadfindern ausgeschlossen wurde, was sie als fürchterliche Kränkung erlebte, denn sie liebte es, auf Bäume und Berge zu klettern. Es war das erste Mal, dass sie Antisemitismus bewusst wahrnahm.

Ich erfuhr, dass ihr jüngerer Bruder, der an der Technischen Hochschule Maschinenbau studierte, bei pogromartigen Exzessen an der Uni von seinen christlichen Kommilitonen mit Rasierklingen attackiert wurde. Es hatte damit begonnen, dass rechtsextremistische Studenten ihren jüdischen Kollegen untersagen wollten, mit ihnen auf einer Bank zu sitzen. Sie sollten auf der anderen Seite des Hörsaals Platz nehmen, auf den «Gettobänken». Die jüdischen Studenten weigerten sich und blieben aus Protest während der Vorlesung stehen.

Die erste Frage, die man damals in Polen stellte, war: Bist du Jude? Dieser Stimmung wollte meine Mutter entkommen, indem sie zum Studium ins Ausland ging. Ein Jahr an der Warschauer Akademie der Künste hatte sie schon hinter sich. Ihr Traum wäre nun Paris gewesen, die Künstlerstadt, doch das ließ ihre Mutter nicht zu. Also Wien, wo es eine Tante gab. So verließ meine Mutter Anfang der dreißiger Jahre Warschau und die modern eingerichtete, geräumige Wohnung in der Beletage eines vierstöckigen Gebäudes im Stadtzentrum mit einem gefliesten Badezimmer und einer Gasheizung.

Ich erfuhr, dass die Familie Mitglied der Israelitischen Kultusgemeinde war und der jüngere Bruder meiner Mutter beschnitten.

Ich erfuhr, dass man bei ihr zu Hause sehr wohl Pessach feierte und die traditionellen Speisen aß, Matze, Rindsuppe mit Knedlach, Gefilte Fish und harte Eier – «was lächerlich war», schob meine Mutter nach, «weil wir sonst immer Schweinefleisch gegessen haben». Das jüdische Fest, so beeilte sie sich zu betonen, war nichts als ein Anlass, die ganze Verwandtschaft um einen Tisch zu versammeln, mit Religion hatte es nichts zu tun. Als eine ihrer Cousinen einen reichen Herrn heiratete, betrat meine Mutter zum ersten Mal in ihrem Leben eine Synagoge. In der gesamten erweiterten Familie gab es nur einen Einzigen, der fromm war. Mehrere in der Verwandtschaft waren getauft. Für ihren Vater, einen Freidenker, kam eine solche Anpassung nicht in Frage. Er und meine Mutter versuchten sogar einmal, aus der Kultusgemeinde auszutreten, sie wollten nicht mehr «mosaisch» sein. Doch ihr Brief wurde nie beantwortet.

Mein Großvater hatte seit seinem zwölften Lebensjahr in Łódz in der Filzfabrik Landau & Weiler ge-

145

arbeitet und sich allmählich hochgedient, bis er Leiter der Warschauer Generalvertretung wurde. Landau war Jude, Weiler Deutscher, der dem Lehrling seine Sprache beibrachte. Mein Großvater machte sich auch notdürftig mit dem Jiddischen vertraut, um sich mit den Kunden verständigen zu können.

Alle Verwandten und Bekannten der Familie waren assimilierte Juden, auf die das heute diskreditierte Wort «fortschrittlich» zutraf. Manche hatten ein Geschäft, andere waren Angestellte bei einer Firma, viele waren Ärzte und Rechtsanwälte. Beamte konnten Juden nicht sein. Ebenso waren die Schulfreundinnen meiner Mutter allesamt Jüdinnen. Ihre engsten Freundinnen hießen Halina Blumental und Irka Oppenheim. Gesellschaftliche Berührung mit Nichtjuden gab es kaum, man lebte in einer abgeschlossenen Welt.

Auch später, als meine Mutter Bälle besuchte und Turniertänzerin wurde, waren alle ihre Freunde Juden. Gemeinsam verbrachten sie ihre Sommerferien in den Beskiden und in den polnischen Karpaten. Die etwa zwei Dutzend jungen Leute nannten sich «Assimilatoren» und trafen sich vierzehntägig in einem Klublokal, das nicht nur einmal von den Zionisten zertrümmert wurde. Als polnische Staatsbürger, die in Polen leben wollten, betrachteten sie es als ihre Pflicht, sich nicht von den Mehrheitspolen zu unterscheiden. In den Augen der Zionisten war das eine unerträgliche Anbiederung. Ihr wollt Polen sein, sagten sie, aber die Polen wollen euch nicht! Nachträglich musste meine Mutter ihnen zwar recht geben, den Zionismus lehnte sie allerdings weiterhin ab. Die Juden hätten in Palästina nichts zu suchen, sagte sie.

Gespräche mit meiner jüngeren australischen Tante, der Frau des Bruders meiner Mutter, die beide die Nazizeit versteckt in Warschau überlebt haben, machten mir bewusst, dass kaum jemand anfangs ernst nahm, was die Deutschen mit den polnischen Juden vorhatten. In Polen war man an Antisemitismus gewöhnt, die Juden hatten so viele Verfolgungen und Pogrome überlebt, auch dieser deutsche Wahn würde vorübergehen, meinten sie.

Meine ältere australische Tante, die Schwester meiner Mutter, eine kinderliebe, sich für andere Menschen aufopfernde Frau, war schwanger, als in Deutschland im November 1938 die Synagogen brannten. Sie und ihr Mann hatten gerade das australische Einwanderungsvisum erhalten. Besorgt lief sie zum Arzt. Sollte sie als Schwangere ein neues Leben in einem fremden Land beginnen? Würde sie die Schiffsreise überstehen? Der Arzt, ein älterer Jude, sagte nachdrücklich: «Verlassen Sie dieses Land, im Interesse Ihres Kindes. Wenn ich jünger wäre, würde ich es auch tun, denn es wird die Hölle sein.»

Am Tag, als Hitler in die Tschechoslowakei einfiel, verließen sie Warschau. Der Abschied war schmerzlich, meine Tante spürte, dass sie ihre Eltern nicht wiedersehen würde. Doch die meisten Freunde und Verwandten wollten nicht wahrhaben, in welcher Gefahr sie schwebten, und lebten weiter wie immer, schmiedeten Pläne für die Zukunft. Dass meine Tante

in ihrem Zustand ihr bequemes Warschauer Leben gegen die Ungewissheit am anderen Ende der Welt ein-
tauschen wollte, konnten sie nicht verstehen.

Am Hauptbahnhof weinte sie zwar, aber sobald der
Zug losgefahren war, setzte das Vergessen ein, und sie
fieberte ihrer neuen Zukunft in einem freien Land entgegen. Als sie im April 1939 in Westaustralien lande-
ten, tat meine Tante etwas, das so gar nicht zu ihrer zu-
rückhaltenden Art passte: Sie kniete nieder und küsste
den Boden! Anderthalb Monate später brachte sie
ihren ersten Sohn zur Welt und gab ihm den Namen
Sydney. Es war der glücklichste Tag ihres Lebens, sie
hatte sich so sehr ein Kind gewünscht, und dennoch
fühlte sie sich einsam und verängstigt in dem unkulti-
vierten Land, dessen Sprache sie nicht beherrschte. Ihr
Elternhaus hatte sie nicht auf ein Auswandererleben
vorbereitet: Sie konnte nicht kochen, verstand nichts
von Kinderpflege, und ihr Jurastudium half ihr nicht
weiter auf einem Kontinent, der nach zupackenden
Menschen verlangte. Auch ihr Mann, der Ingenieur
war, hätte es als Schneider leichter gehabt.

Fünf Monate später fielen die ersten deutschen
Bomben auf Warschau. Bekanntmachungen an den
Hausmauern teilten mit, dass die Juden keine Re-
pressionen zu befürchten hätten. Die Familie meiner
Mutter atmete auf. Doch schon nach wenigen Wochen
zeigten sich die wahren Absichten der Besatzer. Juden
durften nur noch zweitausend Złoty besitzen. Jüdische
Geschäfte waren als solche zu kennzeichnen, die Menschen mussten sich Armbinden mit dem Davidstern

kaufen und ihre Radioapparate und Pelze abliefern. Alles, was Wert hatte, wurde gestohlen. Schon bald hatte die moderne Einrichtung des Herrenzimmers meines Großvaters den Besitzer gewechselt. Man lebte in ständiger Angst, horchte Tag und Nacht auf Schritte im Treppenhaus. Andauernd wurden Leute zur Zwangsarbeit verschleppt oder zusammengeschlagen.

Dann kam der schreckliche Tag Ende Jänner 1940, an dem der Vater meiner angeheirateten Tante als Angehöriger eines Intelligenzberufs verhaftet wurde. Man warf ihm Propaganda gegen Hitler vor. Er war Pharmazeut und besaß im eleganten Botschaftsviertel zwei Apotheken. Er war unschuldig, würde gewiss in wenigen Tagen freigelassen werden, tröstete sich meine Tante. Sie sah ihn nie wieder. Die beiden Apotheken wurden beschlagnahmt, die Mutter in Hausschuhen aus der Wohnung gejagt.

Im November 1940 dann der erzwungene Umzug in den «jüdischen Wohnbezirk» – die Verwendung des Wortes «Getto» war strengstens verboten. Schon im März war dem Judenrat befohlen worden, eine drei Meter hohe Mauer um das jüdische Viertel errichten zu lassen, vier Prozent der Gesamtfläche Warschaus. Sie wurde, als sie fertig war, von außen durch deutsche und polnische Polizei, von innen durch jüdische Polizisten bewacht. Auch die christlichen Polen waren von dieser Maßnahme nicht begeistert, bedeutete es doch für viele von ihnen einen unfreiwilligen Wohnungswechsel. Anfangs konnte man noch Wohnungen tauschen.

Meine Großeltern wurden gezwungen, von der direkt außerhalb der Gettomauer gelegenen Chłodna-Straße in die die Chłodna kreuzende Żelazna-Straße umzuziehen. Da sie alles selbst tragen mussten, nahmen sie nur das Nötigste mit. Am 14. November wurde das Getto versiegelt. Meine Großeltern, ihr Sohn und dessen Frau blieben zusammen, die Mutter meiner Tante kam bei ihrer Schwester unter. Der Großvater trug den Umzug mit Fassung, er war von der baldigen Niederlage der Deutschen überzeugt. Eines Tages würde auch er nach Australien auswandern.

Nach einiger Zeit wurde der «jüdische Wohnbezirk» in zwei Teile geteilt, das große und das kleine Getto. Über die dazwischenliegende, nun «arische» Chłodna-Straße wurde eine Holzbrücke gebaut, die die beiden Stadtteile miteinander verband. Im Getto wurde es enger und enger. Transporte brachten immer mehr Menschen aus kleineren Städten und Dörfern nach Warschau. Die Neuankömmlinge hatten Schreckliches zu berichten, doch viele Warschauer hielten das für Propaganda. Der polnische Untergrund jedoch wusste Bescheid. Es gab eine Unzahl illegaler Blätter, die über Konzentrationslager und Autoabgase berichteten, an denen die Menschen erstickten. Sie wurden ins Getto geschmuggelt, aber das Leben war leichter zu ertragen, wenn man nicht glaubte, was dort zu lesen war.

1942 wohnte eine halbe Million Menschen im Getto, und eine Typhusepidemie brach aus. Die ganze Familie ließ sich für viel Geld mit geschmuggeltem Impfstoff impfen. Trotzdem erkrankte meine Großmutter, doch ihre Schwiegertochter pflegte sie wieder gesund.

Den armen Leuten aus der Provinz, die außer ihrer Arbeitskraft nichts hatten, blieb nur das Betteln. In Fetzen gehüllt schlurften sie durch das Getto, lebende Skelette. Die Familien, die sich kein Begräbnis leisten konnten, trugen die Leichen ihrer Angehörigen nachts auf die Straße und deckten sie mit Zeitungen zu. Am frühen Morgen wurden sie auf offenen Karren weggeschafft und in einem Gemeinschaftsgrab verscharrt.

Wenigstens war das Getto frei von Deutschen. Was es zu tun gab, erledigten der Judenrat und die jüdische Polizei. Die Familie meiner Tante und meine Großeltern hatten noch genügend Geld, um sich auf dem Schwarzmarkt zu horrenden Preisen Lebensmittel zu kaufen. Wer auf die offiziellen Rationen angewiesen war, musste mit dem baldigen Hungertod rechnen. Ein Großteil der innerhalb des «jüdischen Wohnbezirks» verzehrten Lebensmittel wurde von draußen hereingeschmuggelt, vor allem durch Kinder, die damit ihre Familien ernährten. Wer konnte, versuchte, sich das eingeschränkte Leben zu versüßen. Es gab noble Kaffeehäuser und Kabaretts, in denen Künstler für ein Stück Seife oder ein Abendessen auftraten. Konzerte wurden gegeben und Gedichte geschrieben. Und es gab sogar Humor: Die Papiermachéfiguren im Marionettentheater waren den Mitgliedern des Judenrats nachgebildet. Dass die Menschen verstärkt in der Religion Zuflucht suchten, hat meine Tante nicht beobachten können. Die Leute hatten die Nase voll von Gott, sagte sie.

Toleriert von den Deutschen, mit denen die jüdischen Schwarzmarkthändler Geschäfte machten, dienten die Gettotore als Schleusen für Waren aller Art. Die Händler verdienten viel Geld und gingen mit ihrer Damenbegleitung in feinen Restaurants opulent essen. In einem dieser Restaurants arbeitete meine Tante für einen geringen Lohn als Kellnerin, sie wähnte sich glücklich. Zu Beginn fiel es ihr nicht leicht, nach der Arbeit auf die Straße zu treten und an den ausgezehrten, bettelnden Menschen vorbei nach Hause zu eilen, doch bald gewöhnte sie sich daran. Das Getto, so meine Tante, war wie Dantes Hölle, und das Elend rundum schuf kein Mitleid, sondern Ekel. Jeder kümmerte sich nur um sich selbst und seine Nächsten.

Am 19. Juli 1942 breitete sich das Gerücht aus, die gesamte jüdische Bevölkerung solle «ausgesiedelt» werden. Noch verhandle der Judenrat mit der Gestapo, die andauernd mit Berlin in Verbindung stehe, hieß es. Die Gestapo wies das zurück und drohte allen, die weiterhin derartige Gerüchte streuten, mit Erschießung. Am 22. Juli um vier Uhr früh aber hing an den Mauern der Aufruf «an die Einwohner des jüdischen Wohnbezirks», der die Ängste bestätigte.

Die Deportationen sollten um zwölf Uhr mittags beginnen, die Deportierten dürften nicht mehr als zehn Kilo Gepäck mitnehmen, Silber, Gold und Schmuck ohne Einschränkung. Doch der Aufruf beträfe, so wurde die Hoffnung genährt, nicht alle Bewohner. Juden, die in deutschen Betrieben und in den Ämtern des Judenrats arbeiteten, würden nicht deportiert. «Alle Juden, die arbeitsfähig sind, werden von der Deportation ausgenommen und können im Getto verbleiben; jene Juden, die bisher nicht dem Arbeitsbataillon angehörten, können jetzt aufgenommen werden», hieß es.

Am ersten Tag lieferte die jüdische Polizei die erforderliche Anzahl von sechstausend zu Deportierenden am Umschlagplatz ab, am zweiten Tag konnte sie nur noch viertausendsiebenhundert zusammentreiben. Bald bereitete der Judenrat Listen von Häusern vor, die am jeweiligen Tag abgesperrt werden sollten. Die Armen und Bedürftigen waren die Ersten. Die Alten fügten sich ergeben, die Jüngeren wehrten sich. Es kam zu brutalen Szenen zwischen den jüdischen Häschern mit ihren Hunden und den von ihnen abzuliefernden Opfern. Wer Geld hatte, konnte sich für eine Weile freikaufen. Dann kam es auf den Straßen zu Treibjagden. Wer nichts Rettendes vorzuweisen oder zu geben hatte, kletterte ohne Gepäck, zusätzliche Kleidung und Geld, ohne einen Vorrat an Essen und Trinken in den Viehwaggon. Auf der Straße herrschte Panik, das Feilschen auf dem Markt war verstummt, das Schmuggeln hatte aufgehört. Die Lebensmittelpreise stiegen ins Unermessliche.

Wer jetzt einen Ausweis hatte, der ihm einen Arbeitsplatz in einem von den Deutschen kontrollierten Betrieb bescheinigte, konnte sich vorläufig in Sicherheit wähnen. Gleich nachdem diese Regelung bekannt wurde, begann ein schwunghafter Handel mit Ausweisen. Innerhalb einer Woche wurden Zehntausende von Menschen zu produktiven Arbeitern.

Mein Onkel und meine Tante waren mittlerweile reguläre Arbeiter in einer Textilfabrik. Gegen eine hohe Summe gelang es ihnen, Ausweise für die Eltern zu besorgen. Aus Angst, die Polizei könnte sie tagsüber abholen und wegbringen, marschierten meine Großeltern ab sofort morgens mit ihnen in die Fabrik, blieben dort den ganzen Tag, ohne etwas zu tun zu haben, und kehrten abends mit ihnen zurück. Doch die Deutschen kamen dahinter, dass nicht jeder, der morgens in die Fabrik ging, auch tatsächlich arbeitete. Sie ließen die Gebäude umzingeln und die alten Leute herausholen. Meine Tante lief zum Umschlagplatz, einem riesigen Oval an der Stawki-Straße, das achttausend Menschen fasste. Wenn man Beziehungen und Geld hatte, war es mitunter möglich, Leute aus dem Transport herauszuholen. Auf diese Weise haben mein heute in Toronto lebender Cousin zweiten Grades, Lutek, und seine Schwester überlebt. Jemand hatte die Kinder gepackt und vom Umschlagplatz weggebracht. Für meine Großeltern war es zu spät, der Zug war bereits abgefertigt.

Vielleicht war ihr Todestag der 31. Juli 1942. «Gestern und heute waren Schreckenstage», schrieb Chaim A. Kaplan an diesem Datum in sein Tagebuch, das er vor seiner eigenen Deportation aus dem Getto schmuggeln konnte. «Kein Ausweis wurde respektiert. Arbeiter wurden aus den Fabriken geholt, die unter dem Schutz der deutschen Firmen Többens, Schultz, Mangenstein und anderer standen. Es wurden Tausende von Leuten festgenommen.»

Meine Großeltern, die Familie meiner angeheirateten Tante, die Familie meines angeheirateten Onkels – sie alle wurden in Treblinka ermordet. Wie viele es sind, weiß ich nicht, ich habe nie danach gefragt, und niemand hat es mir gesagt. «Paul hat mit großem Interesse den Stammbaum meiner Familie studiert, den du so sorgfältig recherchiert hast», schrieb meine Mutter in den neunziger Jahren an Lutek. «Wir waren uns nicht bewusst, wie viele Mitglieder der Familie im Holocaust umgekommen sind.»

Jetzt ist die alte Generation zur Gänze tot. Als Letzter starb fast hundertjährig der Mann meiner älteren Tante in Sydney. *«I don't want to speak about it»*, sagte er gequält, wenn er nach seiner Familie gefragt wurde. *«They disappeared in the war»*, schob er dann trotzig nach. Nur so viel. Bis zu seinem Tod war er stolz auf den Patriotismus und das hohe Bildungsniveau seiner Warschauer Familie und tief gekränkt darüber, dass die Polen die Juden nicht als gleichwertige Mitbürger hatten anerkennen wollen: «Die Polen haben mich nicht akzeptiert. Ein richtiger Australier bin ich nie geworden. Ich bin ein Niemand. Ich bin nichts als ich selbst.» Er war es gewesen, der auf der Auswanderung nach Australien bestanden hatte.

Einer der Ermordeten war der Bruder meiner angeheirateten Tante. Er griff zu, als ihm die Deutschen einen Job zu guten Bedingungen außerhalb des Gettos anboten. Dass er an der Gaskammer von Treblinka mitbauen würde, in der seine Mutter später ermordet wurde, das wusste er freilich nicht. «Ich werde nicht überleben», schrieb er seiner Schwester in einem ins Getto geschmuggelten Brief. «Verkauf alles und konzentrier dich aufs Überleben.» Der ganze Bautrupp wurde nach vollbrachter Arbeit exekutiert.

Für meinen Onkel und seine Frau war der Abtransport der Alten das endgültige Signal zur Flucht. Ein im polnischen Untergrund arbeitender Cousin versprach, ihnen falsche Papiere zu besorgen. Mit einer Gruppe Polen, die täglich in die Fabrik zur Arbeit kamen, marschierten sie abends mit mehreren Schichten Kleidung am Leib aus dem Getto hinaus, ohne angehalten zu werden.

Zwei Jahre lang überlebten mein Onkel und meine Tante auf der «arischen» Seite, immer wieder von habgierigen Menschen erpresst. Mehrmals mussten sie Wohnung und Dokumente wechseln. Bevor sie ins Getto gezogen waren, hatte meine Tante einige Päckchen mit Medikamenten, Seifen, Parfümerie- und Toilettenartikeln – was übrig war aus den Apotheken ihres Vaters – bei Bekannten hinterlegt. Ein gutes Stück Seife war Gold wert. Manche Leute händigten ihnen die Päckchen nun aus, andere drohten mit der Polizei. Mit dem Geld, das ihnen der Verkauf der Sachen einbrachte, konnten sie sich Wohnungen mieten und Lebensmittel kaufen. Um kein Misstrauen zu erwecken, ließen sie sich von Freunden zwei leere Koffer schenken und gaben beim Einzug vor, schwer daran zu

schleppen. Es konnte auch verdächtig wirken, wenn
ein junger Mann den ganzen Tag zu Hause verbrachte. Also verließ mein Onkel täglich morgens mit einer
Aktentasche die Wohnung und trieb sich den ganzen
Tag auf den Feldern am Stadtrand herum. Abends um
fünf, wenn die Menschen von der Arbeit kamen, kehrte auch er heim. Mittags brachte ihm seine Frau Essen
und blieb den Nachmittag über bei ihm. Wenn es reg-
nete, gab er vor, zu Hause als Ingenieur zu arbeiten,
sie hatten vorgesorgt und in der Wohnung ein großes
Zeichenbrett aufgestellt. Einmal traf mein Onkel einen alten Kommilitonen, der ihn erkannte. Er muss
zwei anderen ein Zeichen gegeben haben, denn sie
folgten meinem Onkel und nahmen ihm die Uhr, sein
gesamtes Geld und den Wintermantel ab. Stundenlang lief er anschließend durch die Stadt, bis er sicher
war, dass sie seine Spur verloren hatten. Nach diesem
Vorfall ließ ihn meine Tante lange Zeit nicht mehr aus
dem Haus. So überlebten sie. Sie waren jung und sehr
verliebt.

Durchbringen konnten sich nur Menschen, die über
Geld und Bildung verfügten und überdies nicht jüdisch
aussahen. Meine Tante war blond und blauäugig. Man
musste Polnisch sprechen, ohne jiddischen Akzent,
musste auftreten wie ein christlicher Pole. Aber auch
eine bestimmte Lebensweise, eine flackernde Angst in
den Augen konnte einen verraten. Die große Mehrheit
der armen Juden hatte keine Chance.

Selbst Geld half nicht immer: Mitten in der Stadt
gab es ein Hotel, das «Polnische Hotel». Dort nahmen

die Deutschen reichen Juden viel Geld für ein Visum in ein süd- oder mittelamerikanisches Land ab. Die Ersten, die zahlten, erhielten das Visum tatsächlich und konnten sich retten. Sie schickten Telegramme nach Hause, in denen sie ihre glückliche Ankunft meldeten. Aber die, die nach ihnen kamen, zahlten und wurden nach Bergen-Belsen verfrachtet. Auch meine Tante und mein Onkel hörten vom «Polnischen Hotel» und bedauerten, nicht genügend Geld für ein solches Visum zu haben.

Als im Sommer 1944 der Warschauer Aufstand begann, lebten die beiden in Praga, dem Stadtteil auf der östlichen Weichselseite, den die Rote Armee als Erstes einnahm. Während die Sowjets zusahen, wie Warschau dem Erdboden gleichgemacht wurde, konnten sich mein Onkel und meine Tante als befreit betrachten. Nachdem die Russen schließlich die ganze Stadt befreit hatten, liefen die beiden durch die Ruinen und weinten. Ihre Familie war zerstört, ihre Jugend vorüber, und auch die Stadt, in der sie aufgewachsen waren, gab es nicht mehr. Sie hatten niemanden und nichts, nicht einmal ein kleines Andenken. Da entschieden sie, für immer wegzugehen. Der am weitesten von Europa entfernte Kontinent war Australien.

Meine Tante hat ihre Lust am Leben bis zu ihrem Tod nicht verloren. Ich habe ihre Schönheit bewundert. Immer war sie perfekt gekleidet, ihre schmalen blauen Augen unter den schweren Lidern makellos geschminkt, die sinnlichen Lippen, denen sie im Alter vielleicht nachhalf, mit einem glänzenden dunkelrosa

Lippenstift betont. Gleich nach Kriegsende wurde sie schwanger und traf mit Zwillingen in ihrer neuen Heimat ein. Später verliebte sie sich so heftig, dass sie für ein Jahr Mann und Kinder verließ. Dann kehrte sie reumütig zur Familie zurück und war wohl gezähmt.

ICH BIN wieder in Berlin und träume von Sex, Nacht für Nacht. Glücklicherweise kann ich mich nach dem Aufwachen an die Details nicht erinnern, es wäre zu peinlich. Es scheint, als habe die Beschäftigung mit dem Tod meine Sinne erregt. «Wir schulden dem Tod den Koitus. Die einzige Antwort auf den Tod ist Leben und noch mehr Leben», lese ich bei Fay Weldon.

Ja, doch, ich möchte leben. Und ich möchte mich ablenken von Pauls Schatten. Ich kann nichts dazu beitragen, dass er gefunden wird, tot oder lebendig. Egal, wo er sich befindet, er hat mich verlassen, ohne Abschied, ohne Erklärung, rücksichtslos. Soll er bleiben, wo der Pfeffer wächst, meinetwegen in Madagaskar.

Also Sex. Aber ich bin eine alte Frau, eine «junge Alte», wie man heute angesichts der gestiegenen Lebenserwartung sagt. Ich bin seit Jahren beschäftigt mit dem todtraurigen Geschäft des Älterwerdens. Seit Jahren hat mich keine Hand außer der der Masseurin berührt, keiner begehrt. Ich kann es ihnen, wer immer sie sein mögen, nicht verübeln, ich würde mich an ihrer Stelle auch nicht begehren. Der körperliche Verfall ist nicht aufzuhalten, da kann ich noch so fleißig ins

Fitnessstudio rennen und auf dem Laufband fasziniert das Zahlenspiel verfolgen: die gejoggten Kilometer, die verbrauchten Kalorien, die abgelaufene Zeit. Vor allem die Zeit, eine Viertelstunde, eine halbe Stunde, eine Dreiviertelstunde mein Limit. Quälend langweilig ist es, das Laufen auf der Stelle. Und obzwar vielleicht gesund, letztlich nutzlos. Das Fett, das sich aus physiologisch unerklärlichem Grund an den hinteren Oberarmen ansammelt, das Erschlaffen des Bindegewebes an der Innenseite der Arme, immer wieder neue Nester geplatzter Äderchen an den Beinen mit der rätselhaften Bezeichnung Besenreiser. Unordentliche Netze aus rötlich blauen Verästelungen.

Auf der Sonnenbank ist es wie in einem Sarg, anfangs hat mir das Angst gemacht. Man schließt den Deckel und hat nur noch ein paar Zentimeter Luft, nichts für Klaustrophobiker. Doch mit dem Deckel schließe ich auch die Augen. Den roten Startknopf betätigen und dann schnell die Lider zudrücken. Es piepst, der Ventilator schaltet sich ein, die Sonne geht an. Es ist warm, nicht stechend heiß wie in Griechenland am Strand, bloß angenehm. Der Ventilator pustet mir milde Luft ins Gesicht. Ich bin allein in meinem Sarg und räkle mich genüsslich, kraule mein Schamhaar, längst nicht mehr buschig. Nach fünf Minuten piepst es wieder, diesmal wesentlich lauter, ein Geräusch mehr wie ein Gong, die Sonne geht aus, jedes Mal bekomme ich einen Schreck. Doch die fünf Minuten fühlen sich lang an. Wenn es im Sarg so wäre, würde ich mir sofort das Leben nehmen. Während dieser fünf Minuten mache ich eine Zeitreise, werde jung und sexy. Du bist fast perfekt, hat einmal einer zu mir gesagt, als ich nackt vor ihm stand und er mich von allen Seiten begutachtete. Er war viel älter als ich und am ganzen Körper behaart, das machte mir nichts aus, Hauptsache, er gab mir eine gute Note. Liegend kann ich mich erinnern, wie es war, der Bauch flach, das Fett gleichmäßig verteilt zwischen den Hüftknochen. Die Sonne scheint mir zwischen die Beine. Gong. Dunkel. Kühl. Sargdeckel auf. Im Spiegel sind meine Augen klar, die Gesichtshaut leicht gerötet. Es hat gutgetan. Fünf Minuten Genuss für zwei Euro. Statistisch gesehen bleiben mir noch mindestens zwei Jahrzehnte bis zum Tod. Ich weiß mit dieser Zeit nichts Rechtes anzufangen.

Egal, wie unzufrieden ich mich fühle, immer wieder liefere ich mich meinem Spiegelbild aus, begutachte mich von vorn und hinten, ziehe die wellige Haut an der Innenseite der Oberschenkel hoch. Nichts lässt sich mehr reparieren, es kann nur noch schlimmer werden, von Jahr zu Jahr. Und doch durchblättere ich beim Frisör mit fliegenden Fingern die von elfengleichen Mädchen bevölkerten Frauenmagazine, stets auf der Suche nach Modellen, die mich auf wundersame Weise verwandeln könnten. Mit gefärbtem Haar verlasse ich den Laden, fühle mich für eine kurze Weile schön und begehrenswert. Aber keiner schaut mich an, ich bin unsichtbar geworden. Weshalb auch, wenn es so viele frische Geschöpfe mit gepierctem Bauchnabel und Schlangentattoo über dem Steißbein gibt? Und schon der Blick ins nächste Auslagenfenster spiegelt die feist gewordene alte Frau. – Manchmal werde ich doch gesehen. «Omi!» riefen mir kürzlich türkische Jugendliche nach, als ich sie auf dem Fahrrad mit meiner Klingel vom Radweg scheuchte. Sie wissen genau, womit sie mich verletzen können.

Zu Gesellschaften werde ich als alleinstehende ältere Frau selten eingeladen. Ich bin nicht mehr mannbar, und als nicht zu einem Paar Gehörige zeige ich, dass ich aussortiert bin. Eine Aussortierte wertet keine Gesellschaft auf. Wer sagt, es komme weder auf das Äußere an noch auf das Alter, weigert sich, die natürliche und gesellschaftliche Ungerechtigkeit anzuerkennen, dass die Schönen und Jungen bevorzugt werden. Eine alte Frau kann gepriesene wissenschaftliche Werke verfassen, erfolgreiche Kriminalromane schreiben, Bilder malen, und hat sie einen Mann an ihrer Seite vorzuweisen, ist sie sogar auf Vernissagen ein gerngesehener Gast.

Eine alleinstehende ältere Frau dagegen ist peinlich, ärgerlich, eine Last, auch wenn sie sich die steifen Haare an der Oberlippe auszupft und die wild gewordenen Augenbrauenborsten zurechtstutzt. Sie erinnert die alten Männer an ihren eigenen Verfall, der ebenso unaufhaltsam ist, aber bisweilen mit stolzem Selbstbewusstsein zur Schau getragen wird. Mit Frauen an ihrer Seite, die ihre Töchter sein könnten, zeigen sie der Welt, dass ihr alter Körper immer noch begehrenswert ist. Alte Männer haben (mitunter) mit ihren grauen Haaren eine Aura, die auch auf junge Frauen wirkt. Vor allem aber haben (manche) alten Männer Geld und Macht, was bekanntlich erotisiert. Hat eine Frau es nicht rechtzeitig geschafft, einen Mann an sich zu binden, bedeutet «in Würde» zu altern für die meisten den Verzicht auf Sexualität und erotische Liebe. Ich habe keine andere Wahl, als mich geschlagen zu geben.

Jüngere Frauen wollen davon nichts wissen, sie wollen glauben, dass es mit der Jugend ewig so weitergeht, und ich soll es ihnen beweisen. Viele von ihnen kommen mit dem traditionellen Familienmodell nicht zurecht, sind auf der Suche nach Vorbildern, nach Frauen, die ihnen ein fröhliches Alter vorleben, auch mit grauem Haar fortgesetzt aktiv sind und das Dasein genießen. Die ihnen ihre Angst nehmen, die Angst vor Verarmung und Einsamkeit im Alter, die bei manchen schon mit dreißig einsetzt. Sie wollen nicht glauben, dass meine Erscheinung und mein Auftreten trügen. Dass weder Klugheit und Lebendigkeit noch beruflicher Erfolg und erst recht nicht Macht den körperlichen Verfall bei Frauen wettmachen. Die schlaueren Frauen in meinem Alter reden sich den Verzicht schön, schließen das Kapitel ab, Frauen sind generell gewohnt, in Zyklen zu denken. Die Nachteile, mit einem Mann an der Seite zu leben, sind auch mir bekannt, die Kompromisse, das Schweigen, die Anhäufung von Frustrationen. Dann eben nicht. Nicht mehr wollen, was man nicht mehr muss und nicht mehr kann.

Ich hingegen will es nicht wahrhaben, starre voller Entsetzen auf die Veränderung meines Körpers und spüre ihn gleichzeitig lebendiger denn je. «Die Früchte erlangen ihren vollen Geschmack erst in dem Augenblick, da sie vergehen», schrieb Seneca an Lucullus. Ich habe nicht genug Liebe gehabt in meinem Leben, den Mangel kann ich nicht leugnen. Wenn ich die Jungen sehe, wie sie auf den Parkbänken ineinanderkriechen, schaue ich weg. Ich will es nicht sehen, meinen Neid nicht spüren, den Stich ins Herz, weil es vorbei ist. Ich erinnere mich, wie mein semmelblonder Freund und ich uns Anfang der Sechziger demonstrativ in der Straßenbahn küssten, um den griesgrämigen Grauen, die schockiert den Kopf schüttelten, unsere Jugend ins Gesicht zu schleudern. Vielleicht schaue ich heute so drein wie die alten Nazis damals in der Straßenbahn.

Also Sex. Heutzutage kann man nachhelfen. Die virtuelle Welt steht mir zur Verfügung, das Internet. «Frauen in meinem Alter sind überwiegend Großmütter, ich aber suche einen Liebhaber.» So beginne ich meinen Werbetext. Ich will mit meinem Alter offensiv umgehen.

Die Aktion gerät zur formidablen Ablenkung. Das rauschhafte Anschwellen des Adrenalins, wenn eine Antwort eintrifft. Die bloße Möglichkeit ist tröstlich und erregend. Dass Männer mir überhaupt schreiben, lässt mich vergessen, dass ich nichts als eine Projektion bin – und es sind erstaunlich viele Zuschriften. Alexander, Stefan, Hajo, Tom, Michael, Martin, Peter, Ralph, Helmut, Gerhard. Es ist Jahre her, dass ein Männername in meinem Leben eine Rolle gespielt hat.

Die Namen ziehen über meinen Bildschirm. Manche reizt die Gelegenheit, es mit einer Frau im Alter ihrer Mutter auszuprobieren. Andere bieten sich ohne weitere Erklärung als zärtliche Liebhaber an. Manche sind schlicht derb, fügen obszöne Fotos an. Ein Klick, und sie sind gelöscht. Die meisten beschreiben sich als blond und blauäugig. Alle sind schlank und sehen gut aus. Man kann nicht wissen, was dahintersteckt, die Wahrheit, schlichte Lüge, maßlose Selbstüberschätzung. Manche schreiben unbeholfene Sätze, mitunter voller Fehler. Dass ich nicht nur einen Liebhaber, sondern auch einen Intellektuellen suche, scheinen sie meinem Inserat nicht entnommen zu haben. Also versuche ich, mich klarer auszudrücken. In immer kürzeren Abständen verändere ich meinen Text, schreibe einen neuen, lösche den alten. Es ist zu einer wahren Besessenheit geworden. Ich tue nichts anderes mehr. Wenn nach zwei Tagen keine Zuschrift kommt, lösche ich und schreibe etwas Neues. Es ist der Versuch, eine Formulierung zu finden, die Männer anspricht, mich aber auch zutreffend beschreibt – eine Unmöglichkeit. Männer anzulocken, wäre nicht schwer, die Fantasien der meisten sind simpel gestrickt. Ich müsste bloß virtuell bleiben und hätte meinen Spaß. Doch virtuell ist mein Leben sowieso. Ich will Blicke, Berührung, Haut, Schweiß. Ich muss mich also zeigen, im Text und früher oder später auch *in vivo*.

Nur selten kommt es zu einer Begegnung, etwas Bestimmtes an ihrer Formulierung muss mich ansprechen. Für den ersten Versuch habe ich mich sorgsam zurechtgemacht. Ich bin zufrieden mit meiner Erscheinung, die zehn Jahre, die ich im Inserat abgezogen habe, sind glaubwürdig. Ich bin aufgeregt, meine Hände sind feucht, mein Blick irrt unruhig über die Tische, an denen einzelne Männer sitzen. Ich habe nicht die geringste Vorstellung, wer mich erwartet. Oliver kommt auf dem Motorrad und ist ganz in schwarzrotes Leder gekleidet. Mit einem solchen Mann bin ich noch nie im Café gesessen, verschämt schaue ich mich um, überzeugt, dass jeder erkennt, was uns zusammengeführt hat. Er spricht so schnell und jugendlich überdreht, dass sich mir eine Haube dumpfer Mattigkeit über den Kopf legt, mich verstummen lässt. Wie er in meinem Bett landet, kann ich schon kurz darauf nicht mehr nachvollziehen. Wahrscheinlich war ich zu matt, um nein zu sagen.

Ich muss erst wieder lernen, mit Männern umzugehen. Ich benehme mich wie ein Backfisch, bin scheu, senke den Blick, das ist das Gegenteil dessen, was junge Männer von einer älteren Frau wollen. Dass ich unsicher bin, mich für meinen Körper schäme, kann ich ihnen nicht sagen. Ich kann ihnen auch nicht sagen, welches Sehnen mich auf den Marktplatz getrieben hat. Sie spüren es trotzdem und bekommen es mit der Angst zu tun. Von einer älteren Frau erwarten sie souveränen Sex und keine Gefühle. Die bekommen sie in Überfülle von ihrer jungen Freundin. Mit der können sie sich wenigstens in der Öffentlichkeit zeigen. Bei einem jungen Mann in älterer Damenbegleitung wird gleich ein psychischer Defekt vermutet.

Christian hat klare, intelligente Augen und fragt mich, welche Rolle Erotik bei mir spielt. Ich erröte, und es fällt mir nichts ein. Ich kann mich nicht er-

innern, wann es zum letzten Mal Erotik in meinem Leben gegeben hat. Er meint, in mir eine devote Neigung
zu entdecken, das ist mir neu. Ich müsse mich nur zum
Mitmachen entscheiden, alles andere würde er in die
Hand nehmen. Der Gedanke begeistert mich. Genau
das wünsche ich mir: nichts tun, geführt werden, pas-
siv bleiben. Mein Herz rast, drei Nächte kann ich kaum
schlafen, dann kommt seine Absage. Für eine Initiation
sei ich zu alt. Irgendwie bin ich erleichtert.

Andreas ist so schön, dass ich schon wieder den Blick
senken muss. Das belustigt ihn. Nie hätte ich gedacht,
je mit einem so schönen Mann über Sex zu verhandeln.
Fünfunddreißig, Anwalt in Wilmersdorf, verheiratet,
Vater von zwei Kindern. Er sucht eine Geliebte, bei der
er sich ausleben kann, man könne nicht immer Cham-
pagner trinken und Kaviar essen. Wenn seine Frau
davon erführe, würde sie sich von ihm trennen, und
sollte seine Frau ihrerseits ein derartiges Abenteuer
suchen, müsste er sich von ihr trennen. Diskretion ist
also die wichtigste Voraussetzung. Wir verabreden uns
für den nächsten Tag bei mir zu Hause, doch in letzter
Minute sagt er ab: Ich bräuchte etwas fürs Herz, und
er käme nicht auf seine Rechnung. Er hat recht, und
ich bin trotzdem wütend. Dass er mich überhaupt an-
ziehend fand, verbuche ich dennoch als Erfolg.

Ein paarmal treffe ich mich mit einem, der aus-
sieht wie Hugh Grant, ein dichter blonder Haarschopf
über lachenden blauen Augen. Er ist katholisch, steht
in seinem Freundeskreis unter Druck, zu heiraten und
Vater zu werden, sucht sich aber stets Frauen, mit de-

nen gerade das nicht zu verwirklichen ist. Die Kirche in seinem Kopf zerstört den Spaß, den wir miteinander haben. Nach jeder gemeinsam verbrachten Nacht quälen ihn Schuldgefühle, so sicher «wie das Amen in der Kirche». Dann muss er sich für eine Weile zurückziehen. Und dass ich meine Tage nicht mehr habe, törnt ihn ab, sagt er.

Ralf schließlich findet nach längerer Korrespondenz heraus, wer ich wirklich bin, noch ehe er mich leibhaftig gesehen hat. Ich habe zu viele Spuren gelegt. «Mit DIR habe ich nun wirklich nicht gerechnet», mailt er mir am Tag vor dem ersten Treffen, er habe eine andere Frau im Kopf gehabt. Er verspricht, meine Bücher zu lesen. «Wäre ich ein Autor, würde ich Leserinnen Liebhaberinnen vorziehen», schreibt er, «bestimmt siehst du es ähnlich.» Ich antworte nicht.

Eines Morgens dann verlässt ein Mann mit mir das Haus und entfernt sich in die entgegengesetzte Richtung. Je näher ich dem Landwehrkanal komme, desto erfreulicher erscheint mir jetzt ein Tag im Büro. Was gibt es Beruhigenderes als die geordnete, umgrenzte Welt des Bildschirms. Das Fiepen des Computers wie eine freudige Begrüßung. Hallo! Hier bist du sicher. Hier kann dir nichts geschehen. Hier ist es sauber. Keine Körperausdünstungen, keine Haare in den Nasenlöchern, keine ungeschnittenen Zehennägel. Die Ruhe einer überschaubaren Welt. Was um Himmels willen ist nur in mich gefahren, diesen irren Typen mit nach Hause zu nehmen? Ein Blind Date in einer Kreuzberger Kneipe und gleich mitgenommen. Von hinten nach vorn gekämmt stand sein schütteres, rötlich gefärbtes Haar über den Ohren ab. Schweißflecken unter den Achseln. Bei einer solchen Hitze darf man kein Seidenhemd tragen. Es ist gewiss sein einziges, sein Ausgehhemd. Nichts wie weg, mein erster Impuls, aber da war sein Blick. Er öffnete den Mund, um etwas zu sagen, blieb aber stumm. Bloß der Blick aus graublauen Augen, eine Frage und Feststellung zugleich. «Was ist?», fragte ich unwillkürlich. Nach einer fast unerträglich langen Verzögerung dann ein paar Worte, nebensächliche. Wenn der Blick und die geöffneten Lippen nicht gewesen wären, an denen die Worte hängenzubleiben schienen.

In der Küche das Messer in meiner Hand. Wieso überhaupt dieses Messer? Jahr und Tag steckt es unbenützt im Messerblock, es ist zu groß und zu schwer, ich habe mir einmal damit fast den Daumen abgetrennt. Doch gerade dieses Messer zog ich heraus, um nichts als eine Tomate zu halbieren. Und das Messer erregte ihn. Wenn er allein ist, und das sei er meistens, denke er oft an Messer.

Nein, ich habe ihm nicht das Glied abgeschnitten wie der Kannibale von Rotenburg, er wollte von mir nur eine Geschichte hören, in der ein Messer vorkommt. Also legten wir uns aufs Bett, und ich erzählte ihm von der Zubereitung von Zwetschgenknödeln: das Ei mit dem Messer köpfen und den Inhalt ins Mehl kippen. Den Teig mit beiden Händen kneten. Eine Rolle formen. Mit dem Messer die Rolle in Scheiben schneiden. Die Scheiben platt pressen. Mit dem Messer die

Zwetschge aufschlitzen und ein Stück Würfelzucker hineinstecken. Die Zwetschge fest zudrücken und auf die Teigscheibe legen. Diese mit beiden Händen zu einer glatten Kugel formen. Die Kugel sacht in das leicht gesalzene wallende Wasser senken und warten, bis sie nach oben treibt.

Das genügte ihm, die Nacht verlief ruhig. Ich war froh, so einfach davongekommen zu sein. Er hätte gewalttätig sein können, ein Sadist, ein Mörder.

Aber ich mache weiter. Da schreibt mir einer, dessen Mails von anderer Qualität sind. Er stellt Fragen, die ich begeistert beantworte. Er interessiert sich für mich, respektiert mich. Gleichzeitig haben seine Zeilen einen aufregend erotischen Unterton, erotisch, ohne derb zu sein. Ich werde ganz süchtig danach. Als er beiläufig erwähnt, ich dürfe mich nicht wundern, dass er verheiratet sei, wundere ich mich doch. An diese naheliegende Möglichkeit habe ich nicht gedacht. Aber es ist zu spät, unsere wochenlange Korrespondenz, mehrere Mails täglich, ist nicht mehr rückgängig zu machen.

Also Antonio, ein seriöser Ministerialbeamter mittleren Alters, Sohn einer Italienerin, älter als die anderen, aber immer noch zehn Jahre jünger als ich. Unsere Fotos haben wir einander zugemailt und für gut befunden. «Hier bin ich», sagt er, als er in seinem dunkelblauen Anzug bescheidener Qualität in der Tür steht. Krawatte, weißes Hemd, das schütter werdende Haar zur Seite frisiert, bieder. Sein Lächeln ist sympathisch scheu. Er stellt die Aktentasche im Flur ab, ich biete ihm einen Sessel an, er will nur Wasser. Ich sitze ihm gegenüber, in einen weiten grauen Leinenblazer gehüllt, und verschränke die Arme vor dem Körper. Unsicher wie ein Teenager. Das Gespräch verläuft schleppend, aber Missverständnisse gibt es keine. «Ich will unter deinen Händen schmelzen», habe ich ihm geschrieben und unsere erste Begegnung kurzfristig aus dem Café in meine Wohnung verlegt. Er hat nicht viel Zeit, von fünf bis acht. Dann gibt es zu Hause Abendessen.

Der holprige Anfang ist gemacht. Ich befürchte nichts. Seine Biederkeit wird mich schützen, in so einen kann ich mich nicht verlieben. Aber der Sex wird immer besser. Nach den vielen Männern aus der linken Szene seinerzeit, mit ihrer Verachtung für korrekte Kleidung, erregen mich Anzug und Krawatte, das Fremde. Auch die Zeit von fünf bis acht hat ihren Reiz, es ist noch hell. Ich ziehe die weißen Vorhänge zu, und die Wohnung wird in ein milchiges Licht getaucht. Dass mein Körper seinem Blick ausgeliefert ist, ist mir bald schon egal. Schritt für Schritt lehrt er mich Schamlosigkeit. An seinem Körper habe ich nichts auszusetzen. Er ist schlank und mittelgroß, hat kaum Bauch. Seine Hose hängt locker an der Hüfte, das gefällt mir.

Er klingelt unten, ich betätige den Türöffner und setze mich noch einmal hin, um meinen Atem zu beruhigen. Wenn er oben angelangt ist, muss er noch einmal klingeln. Ich stöckle zur Wohnungstür, geduscht und eingecremt, Paloma Picasso hinter den Ohrläppchen und zwischen den Brüsten, die Achselhaare rasiert, die Beine epiliert, die Schamhaare gestutzt. Ohne Slip, wie er mir aufgetragen hat. «Hier bin ich.» Er lächelt sein kleines, verlegenes Lächeln und stellt die Aktentasche ab. Auf dem Weg ins Wohnzimmer streife ich mit dem Handrücken seine Hose, er hat mich per E-Mail instruiert. Später gibt es weitere Anweisungen, Stück für Stück, je intimer unser Verhältnis wird. Immer wieder Kurzmeldungen auf mein Mobiltelefon, die mich erröten lassen. Antonio ist mein Lehrmeister. Seine wie trotzig vorgeschobene, umbarmherzige Unterlippe weiß, was sie will. Ich selbst will bald nur noch, was er will.

Wenn wir in ein Restaurant gehen und mangels anderer Themen über unsere jeweilige Arbeit sprechen, schaue ich mir seine Hände an. Kleine, weiche Hände hat er, mit schmalen Kinderfingern, sorgfältig maniküre. Ich schaue seine Hände an, und mir wird heiß.

Wenn er bei mir ist, ist es besonders still in meiner Wohnung, sonst habe ich meistens das Radio an. Wir haben keine Eile, drei kostbare Stunden liegen vor uns, bloß unser Atmen und mein Stöhnen. Seine Hände kennen meinen Körper, als wären wir ein Leben lang zusammen gewesen. Woher dieses Wissen? Ein Wissen wie Musik, unsere Körper im rhythmischen Einklang. Die Lust kommt in Wellen. Den Atem anhalten, um nicht weggespült zu werden. Verlängern, hinauszögern, ausdehnen. Die Stille und unser Atmen.

Er schaut mich an mit seinen dunklen Augen, über denen die dichten Augenbrauen grau durchwachsen sind, und lächelt. Ein Gefühl von Vater. Ich lächle zurück. Jedes Mal von neuem diese aufregende Fremdheit, jedes Mal von neuem überwinden wir sie.

Einmal, bei einem unserer seltenen Treffen außerhalb meiner Wohnung, verspätet er sich. Ich bin beunruhigt, gehe auf und ab, sehe den Männern in dunklen Anzügen und roten Krawatten ins Gesicht. So oft waren wir schon zusammen, und immer noch habe ich Angst, ihn nicht zu erkennen. Erst wenn sein Glied in meiner Hand liegt, weiß ich, wer er ist. Und dass er für eine Zeitklammer mir gehört.

Mit Antonio vermisse ich meine Jugend nicht, meine Haut ist weicher als damals, als mich die Akne quälte, und es gibt kein Blut. Das monatliche Unwohlsein, das mir jahrzehntelang mein Leben vergällte. Und was für ein Gemetzel, als ich es einmal, noch dazu in einem fremden Bett, mitten in der heißen Phase der Menstruation trieb. Bis ich mir die Gebärmutter endlich entfernen ließ, ich weinte ihr keine Träne nach. Mutter zu werden lag außerhalb meiner Vorstellungskraft, der Bauch aufgequollen wie durch einen Tumor, ich hilflos ausgeliefert den geheimen Mächten des weiblichen Körpers. Nichts für mich. Die Übelkeit jeden Morgen, nachdem ich von Steve schwanger geworden war, hatte genügt. Mit dem feindlichen Klumpen in mir, den auszukotzen mir nicht gelang, suchte ich in meinem Spiegelbild damals nach einer Veränderung. Wie sollte ich ein Kind bekommen, wo ich selber noch ein Kind war?

Antonio schätzt an mir meine Leichtigkeit und dass ich ihm keine Schwierigkeiten mache. Eine Weile geht das gut. Ich bin dankbar für alles, gebe mich dem Augenblick hin, als wäre er der letzte. Nachdem er bei mir gewesen ist, gehe ich auf ein Bier in die nahgelegene

Kneipe und spüre, wie mein Körper das eben genossene Glück abstrahlt. Ich werde wieder gesehen. Doch schleichend bläht sich, unabhängig von meinem Willen, der Wunsch nach mehr auf, nach einer ganzen Nacht, einem Wochenende am Meer, seiner schlanken Gestalt in Jeans und T-Shirt. Unsere immer gleiche Inszenierung wird zu einem Käfig. Die Schwermutattacken mehren sich, ich fühle mich einsamer denn je.

Ich stelle mir sein Haus am Stadtrand von Berlin vor, die beige Sitzgruppe vor den künstlichen Flammen im Kamin. Die angeschlossene Küche mit der Theke zum Wohnzimmer hin, seine Frau beim Aufwärmen des Abendessens. Ich sehe sie zusammensitzen und schweigen, den Garten, die Hecke, die er am Wochenende stutzt. Ich sehe ihn im Ehebett neben seiner Frau ein Buch von Houellebecq lesen und sich erregen. (Er wird mir am nächsten Tag davon schreiben.) Ich bin wütend, eigne mich nicht zur Geliebten, beginne, ihn in einem anderen Licht zu sehen, seinen Geiz. Nie bringt er mir Blumen mit, auch keinen Kuchen, geschweige denn ein Geschenk. Keinerlei Entschädigung für unsere unüberbrückbare Ungleichheit. Er leistet sich auch kein Taxi, um unsere gemeinsame Zeit zu verlängern. Ich bin gratis.

Bald hat er zwei Frauen, die klagen, nicht genug von ihm zu bekommen. Die eine ist ihm angewachsen, bis dass der Tod sie scheidet, die andere kann er abstoßen. Er beginnt, sich zurückzuziehen. Aus Trotz antworte ich nicht auf seine Mails, er scheint es nicht einmal zu bemerken, ich aber leide. Je fordernder ich bin, desto größer werden die Abstände zwischen unseren Begegnungen. Um ein Gespräch zu erzwingen, erpresse ich ihn auf seinem Heimweg von der Arbeit zu einem Treffen am Bahnhof Zoo, bestehe darauf, dass er mir das Taxi zahlt.

Ein Gedanke lässt mich nicht mehr los: Ich habe es in der Hand, seine Spießeridylle zu zerstören. Nein, ich werde nicht wie im Film in sein Heim eindringen und ein totes Kaninchen in den Kochtopf seiner Frau stopfen, obwohl der Gedanke verführerisch ist. Ich stelle nur vorsorglich eine Auswahl seiner an mich gerichteten Mails mit pornografisch zu nennendem Inhalt zusammen. Seine Frau würde staunen. Ich suhle mich in den häuslichen Szenen, die eine solche Aktion zur Folge hätte. Vorbei wäre es mit seinem Gleichmut. Aber, so meine nüchterne Einsicht, es würde mir nichts nützen. Seine Ehe ist aus anderem Stoff als unser fragiles Verhältnis. Seine Frau hat keine Wahl, sie hat meine fragwürdige Freiheit nie kennengelernt.

Vielleicht ahnt er, in welcher Gefahr er schwebt. Nach mehreren geplatzten Verabredungen ändert er die Nummer seines Mobiltelefons. Nach mehreren Versuchen meinerseits, über E-Mail eine Klärung herbeizuführen, ändert er seine Mailadresse. Ich gebe auf.

«PAULS FREUNDIN ist die Faust Marie.» Eine solche Derbheit, wenn auch vertraulich geäußert seinem Bruder gegenüber, hätte ich meinem

Vater nicht zugetraut. Er wunderte sich, dass Paul noch im fortgeschrittenen Alter keine Freundin (und ebenso wenig einen Freund) hatte. Paul verstand sich als asexuell, nach dem Vorbild Kants. Die Frau meines österreichischen Cousins, der er offensichtlich weit mehr vertraute als mir, hat es mir erzählt. Mit nachsichtig-freundlicher Verständnislosigkeit beobachtete er, wie ich zwischen den Männern mäandrierte, die kleinen und größeren Tragödien bis hin zur Ehe. Beobachtete meinen Mann, dessen zur Schau gestelltes Selbstbewusstsein ihn erschreckte.

Doch einmal zeichnete er seine sexuelle Not: Ein über und über mit Schwielen bedeckter nackter Mann fliegt mit aufgerissenem Mund durch die Luft. Aus seiner Leibesmitte sticht ein gigantischer Penis nach unten in ein undeutlich erkennbares Meer arabisch anmutender Schriftzeichen, die Eichel prall und dunkel über dem am oberen Rand blutenden Schaft.

Der Frau meines Cousins sagte Paul auch, er sei so hässlich, dass keine Frau seinen Anblick ertragen könne. Fotografieren durfte ihn nur die Mutter. Die Alben der beiden sind randvoll mit Urlaubsfotos, Mutter und Sohn am Meer, erst sie, dann er, immer klein in der Mitte des Bildes, als wagten sie nicht einmal, mit der Kamera genau hinzusehen. Samos, Chios, Kos, Palaeochora, Iera Petra, Vulcano, Eressos, Sigri, Matala. Sie schauen ernst drein, seltsam reglos im grellen Sommersonnenlicht. Die Fotos halten einen Augenblick fest, der sich an wechselnden Orten in stets derselben Stimmung zu wiederholen scheint. Die Mutter schrumpft von Jahr zu Jahr, Paul, braungebrannt in der Badehose, ist ein unveränderliches Abbild praller Männlichkeit. Nur sein volles langes Haar wird grauer.

Seit den frühen sechziger Jahren hatte sich der Vater von der Familie abgesetzt. Er verbrachte seine Urlaube allein, ließ uns in Briefen aber begeistert an seinen Erlebnissen teilhaben. Er hatte es satt, seine kostbare Urlaubszeit mit einer nörgelnden, nervösen Ehefrau zu verbringen, zumal er unterwegs Damen begegnete, die ihm später ihre Fotos zuschickten, ihm das Selbstbewusstsein wiedergaben, das seine Frau ihm unablässig raubte. Trotzdem kam er immer zurück. Er war, wie meine Mutter meinte, ein Spießer, eine elende Beamtenseele, dem riskante Abenteuer nicht lagen. (Seine Idee war es auch gewesen, seine beiden Kinder taufen zu lassen. In Österreich könne man ohne Religionsbekenntnis nicht leben, meinte er, und das heißt, er träumte schon bei meiner Geburt davon, eines Tages dorthin zurückzukehren.)

Längst waren meine Eltern nicht mehr glücklich miteinander. In ihren Briefen an Lutek nennt meine Mutter den Vater kein einziges Mal beim Vornamen, stets ist er nur «mein Mann». Mein Vater begann eine Affäre mit einer Bürokollegin, die bei uns zu Hause wegen ihrer pechschwarzen Haare «die Zigeunerin» hieß. Meine Mutter machte ihm Szenen, zerschlug einmal mit der Faust die Scheibe der Balkontür – genau jene, die noch einmal eingeschlagen werden musste, um nach Pauls Verschwinden die Feuerwehr in die Wohnung einzulassen –, und ich lief schreiend im Nachthemd ins Stiegenhaus. Ansonsten amüsierte uns Kinder die Geschichte mit der Zigeunerin. Als mein Vater sich einmal (rührend ungeschickt) die Haare färbte, machte ich mich lustig über ihn. Dass meine Mutter ihn ständig als Trottel der Familie herabsetzte, zeigte auch bei mir Wirkung. Und wie konnte ich damals begreifen, welche Kränkung es bedeutet, alt zu werden?

Für eine Scheidung reichte das magere Beamtengehalt meines Vaters nicht aus. Daran änderte auch sein Aufstieg vom Kanzleikommissar zum Verwaltungskommissar zum Amtsrat zum Oberamtsrat nichts. Meine Mutter verdiente dazu, so gut sie konnte, nähte Kleider für Bekannte, übersetzte Texte aus dem Polnischen, gab Schulkindern aus der Umgebung Englischunterricht, auch wenn sie das gähnend langweilig fand. Einsam waren sie beide. Mein Vater suchte Abhilfe, meine Mutter nörgelte. Sie wollte keine Hausfrau sein, besaß aber weder das Durchsetzungsvermögen noch die Ausbildung, um ihre Lage zu ändern. Auf eine untergeordnete Tätigkeit in einem Büro hatte sie keine Lust, und um ihre Arbeit als Goldschmiedin wiederaufzunehmen, fehlte ihr der Mut. Sie behauptete, mein Vater wünsche nicht, dass sie einer Erwerbstätigkeit nachgehe – eine allzu durchschaubare Schutzbehauptung. Angefeuert von der Neuen Frauenbewegung in den USA, verlangte sie stattdessen ein monatliches Gehalt für ihre Arbeit im Haushalt. «Meine Frau will eine Apanage», zog mein Vater bei den Nachbarn über sie her.

«Die Frauen sind die am meisten unterdrückte Klasse unbezahlter Arbeiter auf Lebenszeit, für die die Bezeichnung Sklaven nicht zu melodramatisch ist.» Das schreibt Germaine Greer in «Der weibliche Eunuch», ich muss das Buch meinen Eltern eines Tages mitgebracht haben. Meine Mutter notierte sich das Zitat auf die Rückseite eines abgelaufenen Kalenderblatts. «Die Mehrzahl der Frauen schleppt sich von einem Tag zum nächsten in einem apathischen Dämmerzustand, hofft, das Richtige zu tun, und erwartet, eines Tages dafür belohnt zu werden.»

Während mein Bruder sich künstlerisch ausdrückte, schrieb die Mutter Texte anderer ab, die ihre Lage besser als sie selbst in Worte fassten. Zum Beispiel ein Gedicht von Malcolm Lowry, der sich mit achtundvierzig Jahren das Leben nahm: *«Death of a sense of fun / Death of a sense of humour / Death of a sense / Death. / How do you recover from this? / What do you fear? / Being found out. / Then why do you always give yourself away? / What do you want to do? / Hide. / Then why do you go out and make an exhibition of yourself? / What do you seek? / Oblivion.»*

Und noch einmal Germaine Greer aus den Anfängen der Neuen Frauenbewegung: «Einsamkeit ist niemals grausamer als in nächster Nachbarschaft mit einem Menschen, der zu kommunizieren aufgehört hat. Manche Hausfrau, die auf die Rückseite der Zeitung ihres Mannes starrt oder im Bett auf seinen Atem lauscht, ist einsamer als die alte Jungfer im möblierten Zimmer.»

Auch mein Vater notierte sich von Greer eine Passage, die ihn ansprach: «Die weibliche Kastration resultiert aus der Konzentration ihrer Gefühle auf den männlichen Partner und aus ihrer Unfähigkeit zur Begegnung mit dem eigenen Geschlecht. Weil ihre Liebe immer von der Suche nach Sicherheit bestimmt ist, wenn nicht für ihr Kind, dann doch für ihr verkrüppeltes und ängstliches Selbst, erwartet sie nicht, diese Liebe beim eigenen Geschlecht zu finden, von dem sie ja weiß, dass es schwach und unzureichend ist. Frauen sind unfähig zur Liebe, weil sie sich nicht am Anblick ihres eigenen Geschlechts erfreuen.»

Germaine Greer hat offenbar die Ehe meiner Eltern gut verstanden.

Das Schulkind Paul lernte anderes über Frauen und Männer: «Der Vater geht in die Arbeit. Die Mutter kocht das Essen. Der Großvater raucht die Pfeife. Die Großmutter strickt.» So steht es in seinem Aufsatzheft, nur, dass wir keine Großeltern hatten.

Zwei Jahrzehnte später schreibt mein Bruder sich ein Zitat aus Walter Benjamins «Einbahnstraße» heraus: «Wie einer, der am Reck die Riesenwelle schlägt, so schlägt man selber als Junge das Glücksrad, aus dem dann früher oder später das große Los fällt. Denn einzig, was wir schon mit fünfzehn wussten oder übten, macht eines Tages unsere Attrativa aus. Und darum lässt sich eines nie wieder gutmachen: versäumt zu haben, seinen Eltern fortzulaufen. Aus achtundvierzig Stunden Preisgegebenheit in diesen Jahren schießt wie in einer Lauge der Kristall des Lebensglücks zusammen.»

Seinen Eltern fortzulaufen, hat Paul in der Tat versäumt, er wusste es wohl. Im Alter von fünfzehn oder sechzehn Jahren entdeckte er die Philosophie. Er sprang von dem Kinderbuch «Jörgl, Seppl und Poldl» direkt zu Baruch Spinoza hinüber. Vielleicht war es dessen Überzeugung, dass es keine Willensfreiheit gibt, die ihm damals gefiel. Alles menschliche Handeln vollzieht sich nach Spinoza mit Naturnotwendigkeit und unbeirrbarer Folgerichtigkeit. Freiheit ist Einsicht in die Notwendigkeit. Was wir in seiner Notwendigkeit begreifen, das verstehen und bejahen wir, wir stehen ihm frei gegenüber. Deshalb sei es auch möglich, Triebe und Leidenschaften mit kühler, mathematischer Sachlichkeit zu betrachten. Sich leidenschaftlichen Affekten auszuliefern, bedeutet für Spinoza Knechtschaft. Der Mensch sei seiner Natur nach aber ein Vernunftwesen, er könne lernen, seine Leidenschaften zu überwinden.

Die Leidenschaften überwinden, sich nicht ausliefern, die Kontrolle behalten, sich nicht blamieren, darin waren wir uns ähnlich, Paul und ich. Schon der sich unserer Kontrolle entziehende Blick der anderen auf uns: eine Qual. Immer an das eigene Ungenügen denken und ob es anderen auffällt. Die Angst, erkannt zu werden. Unauffällig bleiben. Sich schmal machen. Lächeln. Wie sicher in ihren Körpern die anderen sind. Selbstvergessen und raumgreifend.

Man sieht nichts als meine Augen, so geht eine wiederkehrende Phantasie: Begegnen meine Augen einem anderen Augenpaar, könnte eine Ahnung von der Person aufblitzen, die ich bin. Doch warum sollten ausgerechnet meine Augen gesehen werden? Sie unterscheiden sich nicht von den vielen anderen, die sich zwischen schwarzen Tüchern den Weg durch die engen Gassen bahnen. Ich bin ein Sack mit Augen. Ein heißer Sack. Meine Stirn glüht, die Haut juckt unter dem dichten Gewebe. Darunter habe ich nicht viel an, eine dünne Hose, ein ärmelloses Hemd. Mein Körper ist elastisch und frei, eine Freiheit, die ich in der anderen Welt fast nie verspürt habe. Ich bewege mich wie unter einer Tarnkappe, für die Männer bin ich nichts als ein namenloser Schatten. Aber meine Augen sehen. Die Brustwarzen des jungen Mannes, die sich unter seinem gelben T-Shirt abzeichnen, die Schweißflecken unter seinen Achseln. Ich genieße seinen katzenartigen Hüftschwung, wie er direkt vor mir die Gasse entlangschlendert. Ich sehe den alten Mann hinter seinen Gewürzhügeln, das Gesicht zerfurcht wie ausgedörrte Erde. Teilnahmslos saugt er an der Wasserpfeife, seine Augen unsichtbar hinter Hautfalten. Den Duft der Kräuter kann ich nur erahnen, meine Nase ist verhüllt wie der Rest meines Körpers. Ich rieche den Schweiß, der aus meinen Poren dringt, den säuerlichen Geruch aus meiner Möse, und bin doch berauscht von dem Genuss, nicht gesehen zu werden.

Ich erinnere mich an einen frühen Morgen in Paris in meinem anderen Leben. Ich war jung, sehr jung, und trug das Haar kurz. Mein schlanker Körper steckte in einer unscheinbaren Nato-Jacke. Ich hatte die Nacht durchgefeiert und wollte noch nicht nach Hause, lehnte am Geländer einer Seine-Brücke und versank im zartrosa Licht des anbrechenden Tages. Ich war glücklich. Da steuerte ein Mann auf mich zu, sofort verkrampfte sich mein Körper, der Augenblick war zerstört. «*Avez-vous du feu?*» Schweigend reichte ich ihm Feuer. «*Merci, Monsieur.*» Er sagte tatsächlich «*Merci, Monsieur*», ich hatte richtig gehört. Eine neutrale Begegnung zweier Männer im Morgengrauen. Was für ein wunderbares Gefühl von Freiheit!

Ich habe die Kräuter, das Obst, das Gemüse hinter mir gelassen und flaniere zwischen den Ständen mit Haushalts- und Metallwaren. Ich kann mir Zeit lassen, muss nicht so tun, als hätte ich Eiliges zu erledigen. Die riesigen Aluminiumtöpfe, die wie Trauben an Holzpflöcken hängen, glitzern in der Sonne. Aus dem Berg von Schwammtüchern, Fingerhüten, Nagelfeilen, Scheren, Messern, Fläschchen mit Poliermittel, Kämmen, Sicherheitsnadeln suche ich mir eine Nagelbürste aus, nur um irgendetwas zu kaufen. «*Merci, Madame*», sagt der Verkäufer, aber es ist dasselbe Gefühl. Er weiß nicht, ob ich jung bin oder alt, missgebildet oder schön. Wenn er genau hinsähe, könnte er mein Alter an den Augen erkennen, an der schlaffen Haut der Lider und an den Händen mit den Altersflecken, als ich ihm das Geldstück reiche. Aber er schaut nicht hin. Blicke werden eher zwischen Frauen gewechselt, taxierende Blicke, verschwörerische Blicke, feindselige Blicke. Eine Frau kann an den Augen der anderen deren Gedanken lesen.

Die Instinkte, Triebe, Leidenschaften des Menschen, sagt Spinoza, können durch einen anderen Affekt, einen gegensätzlichen und stärkeren Affekt, gehemmt oder aufgehoben werden. Die Vernunft könne selbst zur Leidenschaft werden, sogar zur stärksten.

Sprach mein Bruder mit meiner Mutter über solche Fragen? Hörte sie ihm bewundernd zu, und genügte ihm das vielleicht? Oder zog er eine Jalousie herab, um das philosophische Gedankengebäude in seinem Kopf vor dem alltäglichen Stumpfsinn der Mutter zu schützen? Bis er Ende zwanzig war, besuchte Paul regelmäßig Vorlesungen, es gab aber nur einen einzigen Kollegen, mit dem er sich ab und zu traf und der ihn, so Pauls Worte, stundenlang belaberte. Später ließ er sich verleugnen, wenn der Kollege anrief. Worüber redeten er und die Mutter den ganzen Tag? Sie waren kommunizierende Gefäße, aber an entgegengesetzten Enden des Spektrums. Mutters Interesse für Dinge außerhalb ihrer selbst war so kurzlebig, dass es Ausrufe wie «faszinierend!», «schön!», «interessant!» nicht überdauerte, Pauls Interesse an sich selbst reichte nicht aus, um seine wahre Lage zu erkennen. Die Lächerlichkeit eines erwachsenen Mannes, der in kindlicher Abhängigkeit an seiner Mutter klebte, die immer hermetischer werdende Welt, in die beide hineinglitten. Wie sie bei jeder vorübergehenden Störung in Panik gerieten, etwa, wenn der Dachboden des Hauses ausgebaut wurde und für eine Weile Baulärm ihre Beschaulichkeit beeinträchtigte oder wenn sich eine Zahnkrone der Mutter lockerte und ein Zahnarztbesuch erforderlich wurde. Die Egozentrik, mit der die Mutter ihren Sohn zu ihrem Laufburschen machte, ihn herabsetzte, kleinhielt – während sie, in Ehrfurcht vor seinem über-

ragenden Geist erstarrt, gleichzeitig davon überzeugt
war, dass ihm keiner das Wasser reichen konnte.

«Es tut mir leid, dass die Arbeit so schwierig ist»,
schrieb sie ihm Mitte der Siebziger nach Paris, wo er
mit mir gemeinsam an einer großen Übersetzung arbeitete, die ich allein nicht bewältigen konnte. «Ich
habe es vorausgesehen, umso mehr, als du für eine
Expressarbeit zu langsam bist. Du tust mir leid, weil
du so ein gewissenhafter und leidender Arbeiter bist,
brauchst immer jemanden zum Aufrichten deiner wel-
ken Konzentration. Kopf hoch!»

«Du bist keiner, der im Rampenlicht stehen kann»,
ermahnte sie ihn einige Jahre später, als mein Cousin
ihn bat, sein Trauzeuge zu werden. «Paul, setz dich
hierher», befahl sie ihm, wenn sie in ein Gasthaus ein-
kehrten, «bestell dir ein Schnitzel, das schmeckt dir.»

Wie ein Hündchen buckelte er und tat, wie ihm ge-
heißen, rächte sich aber, indem er bei Ausflügen rascher
ausschritt, als ihre altersschwachen Beine sie tragen
konnten, sie weit zurückließ. Er rächte sich, indem er
beim Sprechen den Mund nicht öffnete und nicht auf
sie einging, wenn das, was sie sagte, seine Gedanken
störte, er ließ ihr klagendes Gerede an seinen Ohren
abprallen. Wenn sie eine gemeinsame Verabredung in
der Stadt hatten, kam es regelmäßig vor, dass Paul sich
im Badezimmer einschloss, bis die Mutter sich zeternd
vor die Tür stellte und durch das Milchglasfenster auf
seine verschwommenen Umrisse einredete. Immer
noch zeternd, verließ sie das Haus, und Paul kam später
nach, froh, die Straßenbahnfahrt allein zurückgelegt zu

haben. Sie waren wie ein altes Ehepaar, das sich hasste und doch nicht voneinander lassen konnte.

Nicht einmal seine künstlerische Begabung wollte die Mutter wahrhaben. «Warum zeichnest du nicht etwas Schönes?», fragte sie ihn. Nichts durfte er für sich haben, nichts tun außerhalb ihres gemeinsamen Käfigs. Als er einmal in sehr jungen Jahren über eine meiner Freundinnen bemerkte, sie sei eine nette Person, stichelte die Mutter nur, sodass er sich hütete, je wieder eine weibliche Person nett zu finden. Meine Mutter nannte sogar die Therapeutin, die Paul auf mein Anraten hin einige Monate lang aufsuchte, eine «dumme Gans». Bis er es sein ließ – und bald darauf den gehorteten Medikamentencocktail zu sich nahm.

«Die Mitteilung, dass deine Schwester mit dir zurückkommen wird, hat mich sehr beunruhigt», schrieb die Mutter ihrem Sohn per Eilbrief nach Paris. «Bitte warte nicht auf sie, fahr so bald wie möglich! Sie möchte dich doch absichtlich davon abhalten, nach Hause zu kommen. Wenn du dort so lange bleibst, gibst du riesig viel aus.» Ausnahmsweise verdiente Paul damals sein eigenes Geld. «Wenn ich nicht bald von dir höre, werde ich telegrafieren», drohte sie. Schon kurz nachdem er in Paris eingetroffen war, hatte sie geklagt: «Ich bin jetzt vollkommen allein, es ist kalt und ungemütlich. Aus lauter Verzweiflung nähe ich mir ein Kleid. Die kommenden Wochen werde ich kaum mit jemandem sprechen. Es sind mehr als drei Wochen, ja vier Wochen noch.»

Die wenigen Bekannten, die sie in dieser Zeit traf,

gaben Anlass zu neuer Klage: «Ihre amerikanische Kommunistenangst geht mir auf die Nerven, sie ist eine politische Idiotin; Ich konnte ihr ununterbrochenes Gerede über ihren verstorbenen Gatten nicht ertragen; Paris ist eine Weltstadt, während wir hier am Rande des Balkans dahinvegetieren. Nach meinen Besuchen auf dem Land beginne ich, das Österreichisch-Ländliche zu verabscheuen. Von der Weinseligkeit primitivster Natur wird mir zum Kotzen übel.»

Paul setzte ihr damals Widerstand entgegen. Er war Ende zwanzig und hatte sich noch nicht gänzlich gefügt. Der Vater war ein Jahr zuvor gestorben, das Domestizierungswerk der Mutter funktionierte noch nicht so perfekt wie später. «Du fragst, warum ich hier so lange sitzen muss», schrieb er aus Paris nach Wien in seiner kleinen, krakeligen Schrift. «Du bist gut – ich bin eine Verpflichtung eingegangen und muss die Arbeit zu Ende bringen!!! Ich verstehe nicht, dass du nicht ein Arrangement mit dir selbst finden kannst! Was heißt ‹Es wird mir schwerfallen, so lang allein zu bleiben›? Du musst!! Weniger Selbstmitleid, mehr Ideen zur Lebensgestaltung, mehr Ablenkung! Das kann doch nicht so schwer sein! Verzeih die harten Worte, aber nichts als Klagen zu hören hat mich alarmiert und meine gute Stimmung verdorben. Der einzige Beitrag, den ich leisten kann, ist, dir zu schreiben, über mich, über Paris, das Leben hier, was ich somit gleich tue. Ich hoffe, es freut dich und lenkt dich ab! Zweieinhalb Wochen wirst du noch aushalten!!»

Der Brief, in dem er dieses erstaunliche Selbstbewusstsein an den Tag legt, ähnelt den Urlaubsbriefen meines Vaters, schäumt über vor Begeisterung und Interesse: «Und die Menschen! Allein sie zu beobachten ist ein abendfüllendes Vergnügen. Die Frauen sind oft schön, stark geschminkt, sehr gut gekleidet, keine Hippies wie in London oder Amsterdam, überhaupt mehr legere Grazie, die das Diktat der mächtigen Bourgeoisie in diesem Land verrät, einer Bourgeoisie mit Geschmack allerdings, die genau weiß, was schön ist! Ihr entzieht sich keiner, selbst der gauchistische Revolutionär nicht, der abends im Quartier Latin das Straßenbild beherrscht, Zeitungen verkauft, Flugblätter verteilt. Wenn das Wetter gut ist, kann man sich gar nicht entschließen, nach Hause zu fahren. Mein Lieblingsviertel ist die Umgebung von den Hallen. Dort gibt es die billigsten Beisl, wo man gut isst, nette Kaffeehäuser in engen, dunklen Gässchen mit viel Prostitution. Aber selbst das ist in Paris anders, irgendwie weniger bedrohlich, leichter und mit Charme. Und ist man vom Spaziergang müde und entschließt sich heimzugehen, kann es vorkommen, dass man in den langen Korridoren der Metro einen gutangezogenen jungen Mann sieht, der auf einem Schemel vor einem Notenständer mit Partitur sitzt und auf einem Instrument, halb Orgel, halb Ziehharmonika, vor Tausenden von vorbeihastenden Menschen vollendet Bachkantaten spielt. In den Gängen hallen sie wider wie in einer Kirche. Dann ahnt man vielleicht, dass der Rausch dieser Stadt nichts ist als die unendliche Süße des Untergangs, der dich ein paar Schritte weiter auch anfährt, in Gestalt der unzähligen Clochards, die in den Korridoren oder auf den Gittern der Abzugschächte schlafen, so als gäbe es nichts als ihren Traum.»

Das ist nicht der Brief eines Menschen, der der Welt überdrüssig ist.

Einige Zeit später reiste meine Mutter für drei Monate nach Australien, um ihre Geschwister zu besuchen. Paul hatte noch einmal eine Atempause. Schon vier Tage nach ihrer Ankunft in Sydney jammert sie in ihrem Tagebuch darüber, dass bisher kein Brief aus Wien eingetroffen sei. Während sie kurz zuvor noch über unerträgliche Einsamkeit klagte, trifft sie in Australien Menschen in Überfülle, die wenigsten aber sind nach ihrem Geschmack. Die Familie bemüht sich, ihren Aufenthalt angenehm zu gestalten, organisiert Lunches, Dinners und Partys, nimmt sie auf Reisen mit ins Innere des Landes.

Sie begeistert sich für so manchen Film, den sie im Kino gesehen hat, freut sich über die schöne Natur, aber dazwischen schiebt sich die übliche Klagelitanei: «Typische Kleinbürger; Sie spricht zu viel und wiederholt sich oft; Sie ist sehr lieb zu mir, hat aber keinen Humor; Es wird mir schwerfallen, drei Monate hier auszuhalten; Paul schreibt zu wenig; Kein Brief von Paul. Ich schreibe ihm einen Brief, in dem ich drohe, meinen Aufenthalt abzubrechen; Kein Brief von Paul, ich bin sehr besorgt, sende ihm ein Telegramm. Auch kein Wort von meiner Tochter. Ich habe zwei mich liebende Kinder; Abends eine polnisch-jüdische Party, Einrichtung entsetzlich,

Essen ausgezeichnet; Man hört nichts über Europa, weder im Radio noch in der Presse. Eine Welt für sich, provinziell und selbstzufrieden; Abends Theater, provinzlerisch; Ein so langer Besuch ohne Tätigkeit beginnt für mich ein Problem zu werden; Es widert mich schon an; Ziemlich provinziell, aber schöne Geschäfte; Die Party wie üblich. Man redet über alles Mögliche, es kommt kein richtiges Gespräch zustande. Geld wird hier großgeschrieben. Ich scheine den Leuten zu gefallen, muss mich aber vorsehen, keine radikalen Gedanken zu äußern; Am Abend eine besondere ‹Attraktion›, der Hakoah-Klub: aufgeputzte jüdische Frauen mit viel Schmuck und geschmacklosen Kleidern, grässlich; Ich verblöde langsam, bin übersatt mit *commonplaces*; Abends Besuch bei M., langweilig, Gespräche wie immer, die Leute sind sehr nett, aber fad; Herrliches Haus, entsetzliche Person, kleinbürgerlich; Die Leute hier sehr uninteressant; Die ganze lokale Gesellschaft ist gekommen, alle lange Roben, fürchterlich provinziell; Die Leute sind ignorant, dumm und oberflächlich, sie öden mich an; Nach der Hochzeit in der Synagoge Empfang für hundert Leute. Sehr kleinbürgerlich, für mich lächerlich; Ihre aufrichtige Fürsorge geht mir auf die Nerven; Sehr langweilig, was mache ich eigentlich hier?; Kein Brief von Paul (sechs Wochen); Die Abende sind schrecklich, ich zähle schon die Tage bis zu meiner Abreise, noch mehr als drei Wochen; Ein Bekannter kam mit, langweilig wie die meisten hier; Nach dem Film Kaffeehaus mit schrecklichen Leuten, fad.»

«Oj, wie bitter», hatte sich mein Vater lustig gemacht, wenn meine Mutter am makellos blauen Himmel eine graue Wolke heraufziehen sah.

Ihren Mann hatte meine Mutter nicht halten können, er flüchtete in Krankheiten, Urlaubsreisen und Damenbekanntschaften. Sie rächte sich mit Härte. «Ich werde dich nicht pflegen, wenn du im Alter krank bist», warnte sie ihn, als er zu kränkeln anfing: Lungeninfarkt, Gelbsucht, Gastritis, Zwölffingerdarmgeschwür, Herzbeschwerden, da war er noch recht jung. Im Spital schenkte er den Nonnen Messbecher, aus Stanniolpapier geformt. Auch hier wirkte sein Charme, sie ließen ihm die beste Pflege angedeihen.

Sich von seiner Frau pflegen zu lassen, blieb ihm erspart. Siebzigjährig starb er auf einer Mittelmeerkreuzfahrt an einem Herzinfarkt. Noch am Vortag hatte er eine Ansichtskarte geschrieben, in der er in guter Verfassung mitteilte, dass er nun eine Woche lang festen Boden unter den Füßen haben würde. Am nächsten Tag war er tot und wurde in der Erde von Chios begraben, ein schlichtes Grab mit einem Holzkreuz, für einen leidenschaftlichen Agnostiker nicht gerade die richtige Aufmachung.

Paul und die Mutter sind auf einer Griechenlandreise dorthin gefahren. Ich habe das Grab nie besucht. Wir machen uns nichts aus Gräbern – das habe ich in meiner Kindheit zu oft gehört.

Ihren Mann überlebte die Mutter um ein Vierteljahrhundert, sie selbst ließ sich von ihrem Sohn pflegen. Nachdem sie ihm gegen seinen Willen das Leben gerettet hatte, nahm Paul die Niederlage an und stellte sich in den Dienst der Mutter. Danach schien es ihm besserzugehen. Er hatte sich abgefunden, seine Pflicht zu tun.

In ihrem Weihnachtsbrief nach Toronto erwähnt die Mutter Pauls Suizidversuch in dem Jahr mit keinem Wort, wohl aber dass sie selbst sehr einsam sei und das Leben nicht genieße. Lutek hat mir alle ihre Briefe zugeschickt. Fünfzehn Jahre später klingt ihre Lage nicht besser: «Abgesehen von meinem Sohn habe ich in Wien, wo ich den Großteil meines Lebens verbracht habe, niemanden. In den letzten Jahren sind alle Freunde meiner Generation gestorben. Und meine Verwandten sind in alle Welt zerstreut, aber auch sie leben nicht mehr, meine Schwester, mein Bruder. So bleibe ich vollkommen allein. Zum Glück kann ich lesen.»

Den Kontakt zur österreichischen Familie hatte sie nach Vaters Tod abreißen lassen. Immer seltener war sie bereit, eine Einladung anzunehmen, und mit ihr vereinsamte Paul. Vergeblich versuchte mein Cousin, Kontakt zu ihm zu halten. Wenn die Mutter nicht zu Hause war, um ans Telefon zu gehen, hob Paul nicht ab, öffnete nicht die Tür, stellte sich tot, wenn der Cousin Steine ans Fenster warf. Dass der Lebensfaden ihres Sohnes an ihrem eigenen hing, wusste die Mutter sehr wohl. Die tragische Verquickung schien ihr nichts auszumachen, vielleicht spürte sie aber eine Verantwortung und wurde deshalb fast neunzig Jahre alt. Mag sie ihr Leben auch als gescheitert betrachtet haben, die Macht hat sie immerhin kennengelernt.

«Was wird mit Paul sein, wenn du einmal nicht mehr bist?», fragte sie ihr Cousin aus Rio de Janeiro, eine Frage, die in Österreich keiner mehr stellte.

«No, was wird sein? Er wird sich halt umbringen.»

Nachdem der Zufall Paul ins Leben zurückholte, schlug ich vor, sie und ich sollten ihm gemeinsam unter die Arme greifen, um ihm ein eigenständiges Leben zu ermöglichen, immerhin war er schon über dreißig. Ich hatte in Wien noch meine Garçonnière, die ich ihm überlassen und für die ich die Miete übernehmen würde, meine Mutter müsste ihm eine kleine Summe zukommen lassen, bis er auf eigenen Beinen stehen könnte.

«Ich zahle für ihn nur, wenn er bei mir lebt», entgegnete sie schroff. Wir saßen an jenem schwülen Augustabend gemeinsam vor dem Spitalszimmer, in dem Paul an Schläuche angeschlossen im Koma lag.

Nach seinem sechswöchigen Klinikaufenthalt traute sich Paul überhaupt nichts mehr zu. Selbst als er meine Übersetzung auf der Schreibmaschine abtippte, ließ ihn das vor Anstrengung keuchen. Meine Versuche, eine Arbeit für ihn zu finden, scheiterten an seiner Angst vor dem Scheitern. Er empörte sich darüber, dass jeder glaubte, über sein Leben bestimmen zu können. Ich lud ihn ein, bei mir in der WG zu wohnen. Drei Tage hielt er durch, dann sehnte er sich nach der Geborgenheit seines Kinderzimmers und zog zurück.

Etwas war an der Uni mit ihm geschehen. Nach vielen Jahren mit Bestnoten auf alle Seminare und

Prüfungen blieb er an der Dissertation hängen. Der Professor habe sie zerpflückt, er sei es, der ihn auf dem Gewissen habe; das sagte Paul ein einziges Mal. Danach wechselte er von Kant zu Walter Benjamin, kam nicht voran, häufte in manischer Lesesucht ein ungeheures Volumen an Wissen an. Seine Zettel mit Verweisen und Querverweisen auf Bücher aus allen Wissensgebieten, versehen mit einem, zwei und drei Rufzeichen, würden ganze Schuhschachteln füllen. Ich kann daraus kaum entnehmen, wofür er sich im Besonderen interessierte, so vielfältig sind die Titel.

Entscheidungen waren ihm ein Gräuel. Wenn er eine Rohübersetzung für mich anfertigte, war sie gespickt mit winzigen Fragezeichen. («Fang die Arbeit munter an, ist sie auch schon halb getan!», musste Paul mit neun Jahren in sein Aufsatzheft schreiben.) Ich sehe ihn an seinem Schreibtisch sitzen, wie er seinen Kopf mit beiden Händen vor dem Bücherhagel schützt, der auf ihn niederzuprasseln droht.

Da half es bestimmt, wenn die Mutter mit herrischem Ton zum Abendessen rief, zur geordneten Welt von Extrawurst und Emmentaler. Er schnitt sich die Emmentalerscheiben zu schmalen Streifen zurecht und legte sie nebeneinander auf das gebutterte Brot. Auf das Brot mit der Extrawurst verteilte er scharfen Senf aus der Tube in regelmäßigen kleinen Häufchen. Dazu aß er eine Essiggurke und trank schwarzen Tee mit Milch. Außer im Urlaub wich er nie von diesem Ritual ab.

WENN PAUL nicht wiederkommt, bin ich die letzte Überlebende meiner Familie. Meine Gedanken kehren zurück in unsere Kindheit, umkreisen die Emigration meiner Eltern und landen bei den Großeltern und deren schrecklichem Sterben. Es ist Zeit, ihre Spur aufzunehmen.

Ich will nach Warschau, von Berlin aus sind es mit dem Zug nur fünfeinhalb Stunden. Ich will auch nach Treblinka, doch niemand kann mir sagen, wie ich dorthin komme. Also recherchiere ich im Internet. Anders als zu Auschwitz, für das Google zehn Millionen Ergebnisse ermittelt und das über eine offizielle Website verfügt (in der man alle nur erdenklichen praktischen Informationen bis hin zur aktuellen Wettervorhersage für die nächsten achtundvierzig Stunden abfragen kann), lässt sich unter den zehnmal weniger Eintragungen zum Stichwort Treblinka nichts dergleichen finden.

Erst nach langem Suchen mache ich die nächstgelegene Bahnstation ausfindig – Małkinia –, nicht jedoch, wie viele Kilometer es von dort zur Gedenkstätte sind. Ein deutscher Treblinka-Besucher, über dessen Homepage ich stolpere, mailt mir, er sei mit dem Fahrrad dorthin gefahren, und das habe er sich aus Warschau mitgenommen, ein Taxi würde es am Bahnhof nicht geben. Er rät mir, in Białystok ein Auto zu mieten, dort sei es gewiss billiger als in Warschau. Ich studiere die Landkarte: Die Entfernung zwischen Małkinia und Treblinka beträgt 3,6 Kilometer, das kann ich zu Fuß zurücklegen. Allerdings bedenke ich nicht, dass das ehemalige Vernichtungslager noch einige Kilometer vom Dorf Treblinka entfernt am anderen Ufer des Flusses Bug liegt.

Auf der Website von Małkinia erfahre ich, dass die Gemeinde sechstausend Einwohner hat, das Dorf erstmals im Jahre 1203 erwähnt wurde, es zu Kriegsbeginn von deutschen Flugzeugen bombardiert und am 28. September 1939 dem sogenannten Generalgouvernement einverleibt wurde (während Treblinka auf der anderen Flussseite im sowjetisch besetzten Teil Polens verblieb, die Deutschen nahmen es erst 1942 ein). Und dass die «Hitlerokkupanten» ihre Judentransporte nach Treblinka durch den Ort schickten. Nicht erfahre ich jedoch, wie man zur Gedenkstätte des Lagers gelangt. Gibt man auf der Website von Małkinia «Treblinka» ein, landet man auf einer Seite ohne Aussagewert: *«No data.»*

Meine polnisch-jüdische Verwandtschaft in Toronto ist in heller Aufregung. E-Mails fliegen in immer kürzeren Abständen hin und her. Sie selbst sind in den sechziger Jahren mit dem Auto in Treblinka gewesen. «Die Straße von Małkinia zur Gedenkstätte ist eine Landstraße ohne Fußweg», schreibt Lidia, als ob ich erwarte, den Ku'damm entlangzuflanieren. «Das ist keine europäische Stadt», fügt sie hinzu. «Erkundige dich in der Jüdischen Gemeinde von Warschau», rät Lutek. Das ist mir auch selbst eingefallen, doch deren Website hilft mir nicht weiter. Ich schreibe eine Mail und erhalte keine Antwort. Lidia schickt mir schließlich die Adresse eines Journalisten aus Małkinia, die sie im Internet gefunden hat. Von ihm erhalte ich in letzter Minute die Zusicherung, ich würde vor Ort sehr wohl ein Taxi finden. Ich kann also losreisen.

In Warschau, auf dem Weg vom Hotel, springt mir sogleich die Vergangenheit ins Auge. In der Nacht vom 5. auf den 6. August 1944 sind an der Towar-Straße hundertzwanzig Menschen erschossen worden, sagt mir ein Schild. Die Stadt ist voll von solchen Hinweisen.

An unscheinbaren Plattenbauten und Falafelständen vorbei nähere ich mich dem schönsten Gebäude in der Chłodna-Straße, dem Mietshaus, in dem meine Großeltern gelebt haben. Es wurde von den Verheerungen des Krieges verschont, nur das oberste Stockwerk fehlt, ein stattliches Jugendstilhaus, das man in sozialistischer Zeit verfallen ließ. Die Wohnung der Großeltern lag in der Beletage, einer der Engel an der Fassade ist abgestürzt, die anderen sind arg verwittert. Über dem Eingang eine große runde Uhr, stehengeblieben auf Schlag fünf. Eine blauweiße Plakette weist das Haus als denkmalgeschützt aus: *Objekt zabytkowy*. Nun soll es renoviert werden, ein gelbes Transparent kündigt den baldigen Arbeitsbeginn an. Auf der anderen Seite der Kopfsteinstraße verlaufen noch die alten Tramschienen, heute nicht mehr in Gebrauch. Auf dem Platz, an dem sich die Straße gabelt, wurde nach der Wende ein großes Holzkreuz errichtet, gewidmet dem von der polnischen Staatssicherheit ermordeten katholischen Geistlichen Jerzy

Popiełuszko. Seiner Büste hat jemand eine rote Nelke angesteckt.

Lange Zeit stehe ich vor dem Haus. Luge durch die Glasscheibe der Eingangstür in das auf die Renovierung wartende Stiegenhaus, wo es gleich links hinaufgeht zur ehemaligen Wohnung meiner Großeltern. Leute mit Schlüsseln gehen ein und aus. Ich klaube im Kopf meine spärlichen polnischen Worte zusammen, will sie bitten, mich einzulassen. Ich könnte an der Nummer zwei klingeln und fragen, ob ich mir die Wohnung anschauen darf. Schon beginne ich mich mit meinen zudringlichen Blicken verdächtig zu machen. Am Ende finde ich nicht den Mut und kehre um.

Meine Großeltern hatten es nicht weit ins Getto. Schräg rechts auf der gegenüberliegenden Straßenseite beginnt die Żelazna-Straße, das Haus, in dem sie unterkamen, steht ebenfalls noch, ein heruntergekommenes Ziegelgebäude ohne Verputz, an der Mauer der Einfahrt Bruchstücke geblümter Jugendstilfliesen.

Vom Umschlagplatz an der Stawki-Straße wurden meine Großeltern nach Treblinka gebracht. An der weißen Wand des Mahnmals sind symbolisch die Vornamen der Deportierten aufgelistet, darunter die meiner Großeltern: Regina und Grzegorz. Davon gab es vielleicht Hunderte.

Der nächste Tag, ich bin nervös und schon eine halbe Stunde vor Abfahrt des Zuges auf dem Bahnhof, ungewöhnlich für mich. Małkinia, Treblinka – ein dunkler Schatten hängt über diesen Ortsnamen, die schwierige Erreichbarkeit und das Schweigen der Jü-

dischen Gemeinde haben diesen Eindruck noch verstärkt. Doch dann ist alles ganz einfach.

Der Zug nach Białystok fährt pünktlich um neun
Uhr zwanzig von Warszawa Centralna ab. Behäbig
ächzt er in nordöstliche Richtung. Es ist ein grauer Ok-
tobertag, das Laub beginnt sich eben erst herbstlich zu
färben. Das Land ist flach und dünn besiedelt. Misch-
wald und leuchtend grüne Sumpfwiesen wechseln
einander ab. Das dumpfe Grün der Bäume unter dem
bleiernen Himmel trägt gelbe Tupfen. Junge Birken
kuscheln sich aneinander wie ein Schwarm zierlicher
Ballerinas. Der Zug fährt quälend langsam neben einem Radfahrer mit Schirmmütze her. Schilf, Hagebut-
ten, Brombeersträucher, vereinzelte Eichen. Es geht
mitten durch ein Städtchen, ein länglicher Park mit
Bänken, ein Blumenladen, wie es so viele gibt in Polen,
neben einer Fabrikruine «Kaufland» in leuchtend roten
Lettern, Kioske, Graffiti an den Wänden, das gepfleg-
teste Gebäude ist die Bank. Die Leute hier konnten
alles sehen und hören, die ängstlichen Augen, Hände,
die sich aus den vergitterten Fenstern streckten, das
Klagen aus dem Inneren der Waggons, das Flehen um
Wasser, die SS-Posten auf den Dächern der Züge mit
dem Gewehr im Anschlag.

Der Zug beschleunigt. Eine satte Ebene mit grasen-
den Kühen, langgestreckte Felder mit Weidenbaum-
punkten. Pferde. Ein vor Unschuld schimmernder
Birkenwald. Rechts ein steil abfallender Graben. Wer
hier aus dem Zug sprang, fiel tief, konnte nicht wissen,
wo er aufprallen würde. Wer im Winter im Schnee lan-

dete, brach sich nicht die Glieder. Der Posten schoss an den Fenstern vorbei, um die Leute am Springen zu hindern. Jede Ladung hatte zehn Schuss, im Magazin eines Maschinengewehrs waren drei Ladungen. Danach eine Pause, in der das Magazin gewechselt wurde, dann fing die Knallerei von vorne an. Diesen Moment musste man zum Springen nutzen. Nicht jeder wusste das, Unzählige wurden erschossen, verletzten sich tödlich, fielen unter den fahrenden Zug.

Die Strecke von Małkinia nach Treblinka war von Leichen übersät. Verletzte entlang der Gleise wurden von deutschen Gendarmen erschossen, die man für diese Tätigkeit aus den umliegenden Dörfern angefordert hatte. Auch Anwohner warteten in der Nähe der Gleise, dass jemand ein Kleidungsstück oder ein Gefäß aus dem Fenster warf, in das er seine Notdurft verrichtet hatte, alles konnte man brauchen. Manche bewaffneten sich mit Äxten und töteten die Verletzten, um sie bequemer ausrauben zu können. Noch in dieser aussichtslosen Lage wirkte der Mythos vom reichen Juden. Und in der Tat hatten manche den letzten Rest ihrer Wertsachen in die Kleidung eingenäht. Blieb der Zug unterwegs stehen, konnten die verdurstenden Menschen im Waggon von Streckenarbeitern und SS-Männern gegen Geld und Schmuck Wasser oder Schnee kaufen, je nach Jahreszeit. Mit wachsender Gier und wachsendem Durst stieg der Preis immer weiter in die Höhe.

In Tłuszcz hält der Zug, der Lautsprecher am Bahnhof quäkt Unverständliches. Unter der verrosteten

Bahnhofsbrücke stehen mit Kohle beladene Waggons. Einige Häuser sind mit glänzenden blauen Dachschindeln gedeckt. Die Toilette im Zug erinnert mich an meine Kindheit, das Fußpedal, das die Klappe öffnet und die Ausscheidungen auf das Bahngleis schlittern lässt. An der Wand das in deutscher Sprache beschriftete Schema der Wasserversorgungsanlage. Aus dem Wasserhahn kommt kein einziger Tropfen. Die Schaffnerin kontrolliert die Fahrkarten, sagt etwas zu mir. Auf mein gebrochenes «Ich verstehe nicht» untermalt sie ihre nunmehr langsamer gesprochenen Sätze mit den entsprechenden Gesten. Nun begreife ich: Meine Fahrkarte gelte auch für die Rückfahrt, ich solle sie gut aufbewahren. Ich höre die Melodie dieser Sprache, die aus dem Mund von Frauen besonders süß klingt, und sage begeistert *tak*, ja. Die Polen lächeln freundlich nachsichtig, wenn ein Fremder sich mit ihrer Sprache abmüht. Sie wissen, dass sie aus der Wundertüte sämtlicher Zungen der Welt eine der schwierigsten gezogen haben. Die Schaffnerin ist blond und hat blaue Augen, wie so viele Polinnen und Polen. Ich liebe blaue Augen.

Nach Tłuszcz (das heißt Fett, ein seltsamer Ortsname) wechseln sich Föhren- und Laubwald mit dichtem Gebüsch ab, hier konnte man sich leichter verstecken. Je näher wir Małkinia kommen, desto dünner ist die Gegend besiedelt. Wiesen mit wiederkäuenden Kühen, bräunliches Schilf, ein Teich mit einer hellgrün glitzernden Algendecke, niedrige Häuser, der Himmel verhangen.

Małkinia. Ein gottverlassener Bahnhof. Ich gehe

über die Gleise in die Richtung, in der ich das Dorf vermute. Zwei Betrunkene befördern auf Fahrrädern große, in schwarze Folie gewickelte Bündel, die immer wieder hinunterfallen. Sie fragen mich, ob sie helfen können, man sieht mir an, dass ich fremd bin. Treblinka? Das sei weit, elf Kilometer. In der Bar gleich am Bahnhof werde man mir ein Taxi rufen. So ist es. Kaum habe ich in dem weißen Blechcontainer der Bar Gastronomyczny meinen Kaffee ausgetrunken, der hier noch wie in alten Zeiten im Glas serviert wird, und ein KitKat verzehrt, kommt das Taxi vorgefahren. Ein etwa fünfzigjähriger Mann mit freundlichen grauen Augen lässt mich neben sich Platz nehmen.

Die altersschwache Kopfsteinstraße führt von Małkinia südwärts. Auf einer wackeligen Holzbrücke, über die einst die Eisenbahn fuhr, überqueren wir den Fluss Bug. Im 270-Seelen-Dörfchen Treblinka ist kein Mensch zu sehen. Vor den Fenstern eines Holzhäuschens mit Wellblechdach und bemalten Fensterläden Spitzenvorhänge, hinter dem Holzzaun ein paar verwelkende Blumen. An den Telefonmasten Isolatoren aus Porzellan. Es ist eine Reise in die Vergangenheit. Die Betonquader der Straße sind an vielen Stellen geborsten. Die Straße wurde noch von den Deutschen gebaut, sagt mein Fahrer. Seine Mutter und seine Großeltern stammen aus Małkinia. Die Mutter war ein junges Mädchen, damals. Der Geruch der brennenden Leichen in der Nacht sei unerträglich gewesen, erzählt er mir. Das Dorf Wolka Ogralik lag noch näher am Lager, etwa sechshundert Meter entfernt. Manche Bewohner konnten die Schreie der Juden nicht länger ertragen und flohen zu Verwandten, die anderswo lebten. Der Brandgeruch war bei starkem Wind bis zu dreißig Kilometer weit zu spüren. Wenn auf dem kleinen Bahnhof Treblinka für die Deportationszüge kein Platz mehr war, wurden sie zur Bahnstation von Wolka Ogralik umgeleitet. Alle Polen hätten gewusst, dass die Züge in den Tod fuhren, nur die Juden klammerten sich an die Hoffnung, man würde sie in der Landwirtschaft einsetzen, sagt mein Fahrer.

So war es am Anfang. Später wussten die Juden sehr wohl, was ihnen bevorstand. Die Zeitungen des polnischen und des jüdischen Untergrunds hatten längst darüber berichtet. In Warschau versteckten sich die Menschen in Winkeln und Spalten, in Kellern und auf Dachböden, sprangen unter Lebensgefahr über Dächer und Zäune. Keiner wollte in den Osten «umgesiedelt» werden. Hunderte warfen sich aus den fahrenden Zügen. Hunderte nahmen sich noch im Waggon das Leben. Der Suizid wurde ihnen einfach gemacht. Man brauchte am Bahnhof des Dorfes Treblinka, wo oft zwei bis drei Transporte von jeweils sechzig bis achtzig Waggons stundenlang auf die Weiterfahrt zur Rampe warteten, nur den Kopf aus dem Fenster zu stecken und sich erschießen zu lassen. Oder man entfernte den Stacheldraht, kletterte durch das schmale Fenster ins Freie, setzte sich auf den Boden und wartete auf den Kopfschuss. Auf dem Bahnhof Treblinka wurden die Züge von der Lokomotive abgekoppelt, eine andere Lok schob jeweils zwanzig Waggons mit ihrer nach

Wasser schreienden Fracht ins Lager. Die polnischen Lokomotivführer, die diese Arbeit verrichteten, bekamen als Prämie Wodka, ohne Alkohol hätten sie es nicht ertragen. Bis zur Rampe waren es noch sechs Kilometer. Nach etwa einer Stunde kehrten die Waggons leer zurück, und die nächsten zwanzig kamen an die Reihe. Da waren die Menschen der vorhergehenden Ladung schon tot.

Der Bahnhof ist heute eine Ruine. Die Gleise, die von dort ins Lager abzweigten, sind nur noch als Spur im Gras zu erkennen. Auf dem menschen- und autoleeren Parkplatz der Gedenkstätte zahle ich dem blassen alten Mann am Kassencontainer den Eintritt von zwei Złoty und kaufe einen Plan der in den fünfziger Jahren errichteten Gedenkstätte mit einer mehrsprachigen Einführung in die Geschichte des Lagers. Ein Kopfsteinweg führt durch Nadelwald zu dem mit zwei massiven Betonblöcken markierten Eingang des Lagers. Es ist im wahrsten Sinn totenstill. Hier gibt es weit und breit keinen Autoverkehr, keine Stadt, nicht einmal Flugverkehr. Die Luft ist feucht und frisch, das Moos unter meinen Turnschuhen von glitzernden Wassertropfen überzogen, der Boden fühlt sich angenehm weich an. Ich muss an meine Sommerferien in Niederösterreich denken, wo ich als Kind mit meiner Cousine im Schatten der Tannen Paläste und Grotten aus Moos, Zweigen und Steinen baute.

Eine Gruppe Israelis hat vor einigen Jahren einen Haufen runder Steine mit glatter Oberfläche zu einem kleinen Privatmahnmal aufgeschichtet, ich habe davon gelesen. In hebräischer Schrift haben sie mit Edding die Namen ihrer ermordeten Angehörigen auf die Steine geschrieben. Ich finde einen unbeschrifteten Stein und kratze mühsam mit dem Kugelschreiber die Namen meiner Großeltern. Ihr Familienname mit den vielen Zischlauten ist kompliziert, ich muss die ersten sechs Buchstaben durchstreichen und noch einmal anfangen. Mein Stein ist unansehnlich geworden.

Ich folge den Betonschwellen, symbolische Markierungen, die zur Rampe führen. Ich bin ganz allein, überlaut höre ich meine Fußtritte, ab und zu stößt der immer selbe Vogel einen unheimlich krächzenden Schrei aus. Es ist wie in einem Naturschutzgebiet, an dessen Schönheit man sich nicht erfreuen kann. Die hohen Föhren stehen aufrecht und dicht aneinandergedrängt. Sie haben alles gesehen und gehört.

Dann die Rampe, nachgebaut, hier ist nichts Echtes übriggeblieben. Die Deutschen haben vor ihrem Abzug im November 1943 alle Gebäude und Tötungseinrichtungen in ihre Einzelteile zerlegt und fortgeschafft. Das Lagergelände wurde umgepflügt und mit Lupinen besät, alle Reste wurden verbrannt. Man baute sogar ein Haus auf dem Gelände, ließ eine ukrainische Familie einziehen, es sollte den Anschein einer normalen Dorflandschaft erwecken. Noch bis Mai 1944 mussten Häftlinge Berge von Schlacke und Asche hinausfahren und auf der Chaussee verstreuen, die das Vernichtungslager mit dem zwei Kilometer entfernten Zwangsarbeitslager an der Kiesgrube verband. Schwarze Straße wird sie heute genannt.

Die Rampe ist so schmal, schwer vorstellbar, dass hier fast eine Million Menschen entladen wurden. Die Stille, die klare, würzige Luft und im Kopf der unsägliche Lärm, das Gebrüll der ukrainischen Wachen, das Gebell der Hunde, das Knallen von Peitschen und Schüssen, das Geschrei und Wehklagen der Menschen, die ihre Familienmitglieder im Gedränge verloren haben, der Gestank aus den geöffneten Waggontüren, die Panik, das Entsetzen, der Geruch des Todes. Von der Rampe folgt ein Pflasterweg der Route, die zur Gaskammer führte. Auf beiden Seiten des Weges Findlinge, die auf die Lage der Baracken hinweisen, in denen sich die Häftlinge ausziehen mussten. Dort, wo vermutlich die Gaskammern standen, ein Mahnmal. Es erinnert an die Klagemauer in Jerusalem. Von der Rampe zur Gaskammer sind es 155 Schritte, auf dieser Strecke mussten sich die Menschen entkleiden und ihre Wertsachen abgeben, danach hatten sie noch zwanzig Minuten fürs Sterben.

Auf einem Stein die Inschrift «Nie wieder» in mehreren Sprachen. Ich kann mit diesem leeren Appell längst nichts mehr anfangen. Vielleicht wird die spezifisch deutsche Art zu töten nie wieder vorkommen, doch haben sich die Menschen seither eine Menge anderer Todesarten ausgedacht für jene, deren Entfernung ihnen eine bessere Zukunft versprach. Freilich, so viele Menschen umzubringen, in einem Areal, das man in knapp einer halben Stunde umrunden kann, ist schon eine Leistung.

Unterschiedlich große unbehauene Granitblöcke,

wie Grabsteine in einem jüdischen Friedhof, benennen die Orte, in denen die Ermordeten einst lebten. So viele sind es. Eine junge Frau sitzt im Gras, vertieft in den gleichen deutschsprachigen Reader, den auch ich mir zur Vorbereitung habe zuschicken lassen. Ich wage nicht, sie anzusprechen. Wie ich ist sie eingekapselt in ihre Gedanken, sucht eine Verbindung zwischen dem Waldfrieden jetzt und dem, was einst hier los war. Der mit Reisig durchflochtene Stacheldrahtzaun, der das Lager umschloss, wird heute von Granitblöcken symbolisiert, ich folge ihrer Linie durch das nasse Gras. Zwei Männer kommen mir mit Eimern entgegen, angefüllt mit Steinpilzen, dieser feuchte Herbsttag ist ideal zum Sammeln. Steinpilze aus Treblinka. Ich fotografiere einen Fliegenpilz, der mir zwischen den Baumstämmen fröhlich entgegenleuchtet. Erst beim Verlassen des Geländes fällt mir der knallrote nagelneue Briefkasten neben dem Kassencontainer auf. Post aus Treblinka.

WIEN. Ich bin umgeben von halbleeren Bücherkartons. Die Guten ins Töpfchen, die Schlechten ins Kröpfchen, nein, umgekehrt: die Schlechten in den Abfallkarton, für die Straße vor dem Haus, die Guten in den Karton für die Übersiedlung nach Berlin. Und dann noch eine dritte Gruppe, die Guten, mit denen ich nichts anzufangen weiß, ich habe aber bereits jemanden gefunden, der sich mit Philosophie beschäftigt. Das Problem ist nur, dass ich in jedes einzelne Buch hineinschauen muss. Und kaum habe ich den Buchdeckel aufgeschlagen, bricht eine Flut von Eindrücken über mich herein. Unterstrichene Worte, Pauls klein zurechtgeschnittene Notizzettel, an den Rand gekritzelte Bemerkungen, jedes Buch eine Fülle von Spuren, die verloren sind, sobald ich den Deckel zuklappe. Jeder Zettel der Anfang einer Abhandlung vielleicht, ein unvollendeter Gedanke. Wenn ich ihn wegwerfe, vernichte ich ihn. Mache ich aber in diesem Tempo weiter, werde ich Wochen brauchen, um die Bücherregale zu leeren. Wochen in dieser Wohnung, in der sich Mutter und Sohn einst verkrochen haben.

Mein Blick fällt auf einen Satz von Yoko Tawada: «Lass den Blumenstrauß im Ohrloch überfließen und singe in Richtung des Leuchtturms.» Ich stehe auf der Leiter, schaue hinaus auf die einsame Tankstelle vor dem Fenster, es riecht nach Bücherstaub und abgestandener Wäsche. Doch das Bild trägt mich fort, Blumensträuße, die mir aus den Ohren wachsen. Welche Farbe würde mir am besten stehen? Gelb, ja gelb müssten sie sein. Gelb wie die Sonne, wie der Frühling, der in diesen grauen Februartag einfällt, ihn überwältigt, fortjagt. Der die bleierne Last dieser Wohnung wegfegt wie die Samen einer Pusteblume.

«Und singe in Richtung des Leuchtturms.» Ich fliege in die Vergangenheit. Die Mutter, schlank und braungebrannt, zu ihren Füßen die Brandung. Eine Insel an der Adria, Urlaub in Jugoslawien. Eine intakte Familie. Die Bora bläst der Mutter das Haar aus dem

Gesicht. Ich selbst bin zwölf Jahre alt und male die Agaven, bläulich schimmernd in der Nachmittagssonne. Ameisen kriechen mir über die Zehen. *Mravi.* Dass ich nach so vielen Jahren das kroatische Wort für Ameisen noch weiß! Was für ein seltsames Ungeheuer ist das Gedächtnis, so unzuverlässig, und dann hebt sich mit einem Mal ein Wort klar und deutlich ab wie eine Säule gegen den Abendhimmel. Die Ameisen kriechen um mich herum, kreisen mich ein, als wollten sie mich davor bewahren, aus dem magischen Augenblick herauszufallen. Meine Pinselstriche und die saftigen Agavenblätter auf dem Papier. Ein schönes raues Zeichenpapier, auf dem die Wasserfarbe nicht zerrinnt.

In seinem Aufsatzheft aus der dritten Volksschulklasse hat Paul diesen Urlaub in kindlicher Sprache beschrieben: «Auf dem Weg zum Leuchtturm sahen wir wunderschöne große Kakteen mit vielen spitzen Stacheln. Als wir ankamen, zogen wir uns aus und legten uns auf eine große Steinplatte beim Meer. Hinter uns war ein großer Föhrenwald, in dem Zikaden laut zirpten. Das Meer war dunkelblau, und darauf waren viele weiße Schaumkrönchen.» Bei der Ankunft damals, als wir aus dem Boot stiegen, umfingen uns ein vielstimmiges Zikadenkonzert und der betörende Harzduft der Föhren. «Pfui, da stinkt's», sagte mein kleiner Bruder, «da bleib ich nicht.»

Es war alles gut damals. Ich stand an der Schwelle zum Erwachsensein, aber noch auf der anderen Seite. Ein Mädchen mit kaum sichtbaren Brüsten. Das Leben

lag vor mir, doch das wusste ich nicht. Ich hätte ein ge-
kochtes Ei in den Sternenhimmel werfen können, und
es wäre als leuchtender Mond oben hängengeblieben.
Ich hätte das Ei essen können, und es wäre mir als Blumenstrauß aus dem Ohr gewachsen. Die Blumen hätten sich mit meinem Haar zu einem dichten Nest ver-
flochten, und die Ameisen hätten eine Brücke gebildet,
auf der ich, ohne nass zu werden, das Meer hätte überqueren können. Alles war möglich. Undenkbar aber
war, dass ich eines Tages hier in dieser menschenleeren
Dreizimmerwohnung mit den SW-Möbeln Bücher um
Bücher um Bücher in offene Kartons werfe und mir
sage, o Gott, das werde ich dann alles lesen müssen!

Es ist über ein Jahr vergangen, seit Paul verschwunden
ist und die Miete der Wohnung nicht mehr bezahlt
wurde. Die Gemeinde Wien hat keine Mahnung geschickt, sie ist wohl säumige Mieter gewöhnt. Ich folge
dem Wunsch meines Bruders, löse den Haushalt auf
und verfüge über das Inventar nach Gutdünken, lange
genug habe ich es hinausgeschoben. So oder so wird er
die Wohnung nicht mehr beanspruchen.

Ich bin allein.

Später wird mich eine Freundin fragen, warum ich
mir nicht habe helfen lassen. Es ist mir nicht eingefallen, ich habe mich daran gewöhnt, mein Leben allein
zu meistern. Um Hilfe zu bitten, fällt mir schwer, und
so beiße ich die Zähne zusammen, rüste mich, gehe
methodisch vor. Wie auch jetzt. Zimmer für Zimmer.
Manches Unbrauchbare lasse ich zurück, anderes stop-

fe ich in schwarze Müllsäcke. Lust am Wegwerfen hatte ich schon immer. Unübertrefflich aber ist die Lust, die Kasten und Schubladen der Mutter zu durchwühlen und ihre Sachen wegzuwerfen. Was sie nicht alles aufbewahrt hat! Sämtliche Dosen ihrer aufgebrauchten Gesichtscreme, säuberlich ausgewaschen und in den vollen Kasten gestapelt. Zwanzig Jahre alte Bankauszüge, vor Schmutz starrende Topflappen, angeschlagene Teetassen. Und die erwähnten Fotoalben, Mutter und Sohn am Meer. Mit einem Rest von Pietät reiße ich von jedem Urlaub zwei Fotos aus dem Album, eins von ihr, eins von ihm. Die anderen schluckt der Müllsack.

Es ist fast vollbracht. Die Bücherkartons sind geschlossen und alphabetisch beschriftet zusammengestellt, bereit für die Beiladung nach Berlin. Erstaunlich, wie viele Schriftsteller Namen haben, die mit N beginnen. Das Wohnzimmer ist fast leer geräumt, den Rest überlasse ich der Vermieterin. Ich werde einfach verschwinden.

Ich könnte triumphieren. Ich habe gesiegt. Ich lebe, habe überlebt. Ich habe die Macht, zwischen Brauchbarem und Unbrauchbarem auszuwählen. Allmächtig vernichte ich die Spuren zweier Lebensstränge. Doch da ist vor allem Wut. Am Ende haben die beiden über mich triumphiert. Es hat mich nicht nach dieser Selektion gedrängt, sie haben mich dazu gezwungen. Sie haben mir eine Intimität aufgezwungen, die es zu ihren Lebzeiten nie gegeben hat. Der Geruch getragener Kleider, der letzte Rest von Kölnischwasser, unbenützte Inkontinenzwindeln, verdorrte Kakteen und Bücher über Bücher mit Gedankenschnipseln.

Eine Eiseskälte umklammert mich: Ich bin allein auf der großen weiten Welt. Dass es nach mir niemanden geben wird, damit habe ich mich schon abgefunden, nun gibt es auch niemanden hinter mir. Eiseskälte und Totenstille. Längst ist eine Glaswand gewachsen zwischen mir und den anderen, die leben, sich lieben, sich paarweise zusammentun und fortpflanzen, ihre kranken Angehörigen pflegen. Nun sind mir auch noch die letzten Reste der Familie verlorengegangen, die Mutter, weil es an der Zeit war, der Bruder durch eine mutwillige Tat. Nach mir die Sintflut, hat meine Mutter gesagt, wenn ich sie daran erinnerte, dass die Welt auch nach ihr weiterbestehen würde.

Die Müllsäcke werden immer mehr. Eine Armee unförmiger schwarzer Gestalten, deren Kopf ich rasch zubinde, um mir vom Leib zu halten, was ihr Inhalt verströmt. Immerhin habe ich auf diese Weise allzu Intimes und Peinliches weggeschlossen vor den Augen der fremden Leute, die in den nächsten Wochen kommen werden, um die Wohnung auszumisten und zu renovieren.

Der Hunger treibt mich nach draußen. Im Stiegenhaus mit dem runden Loch in der Wand, das sich für uns Kinder hervorragend zum Spielen eignete, dessen sonstige Funktion aber das Geheimnis des Architekten bleiben wird, stoße ich auf die Nachbarin. Mit ihr sind wir aufgewachsen. Ganz rote Augen habe Paul gehabt vom Weinen, sagt sie. Sie habe ihn nach dem

Tod der Mutter mehrmals getroffen und ihm eine warme Mahlzeit angeboten, ihm gesagt, er könne jederzeit zu ihr kommen auf einen Kaffee. Aber das wollte er nicht, sagt die Nachbarin und trocknet ihre nassen Hände mit der Schürze ab. Sie ist wohl direkt vom Spülen herausgelaufen, als sie die Nachbarstür gehen hörte. Sie schaut mir beim Reden nicht in die Augen, sondern lenkt ihren Blick an die Decke. Das hat sie schon immer getan, wir haben uns als Kinder darüber lustig gemacht. Jetzt ist es mir angenehm, denn plötzlich überschwemmt mich eine Welle von Gefühl, von Mitleid und von Scham, dass ich es drei Wochen nicht zustande gebracht habe, meinen Bruder anzurufen. Der wartete allein in der Wohnung auf den Augenblick, an dem er bereit wäre für den Absprung. Er weinte. Über die verlorene Mutter, die einzige Person, die er hatte auf der Welt, über die Erinnerung an ihre letzten Stunden und darüber, dass er nicht bis zum Ende bei ihr geblieben war. Er weinte über seine Einsamkeit, über sein tatenloses Leben. Der Augenblick, auf den er sich jahrzehntelang vorbereitet hatte, war gekommen. Dieses Mal würde ihn niemand retten. Aber solange er weinte, hatte das Leben ihn noch nicht losgelassen. Überlegte er vielleicht hin und her, ob er es doch wagen sollte weiterzuleben, ob doch noch etwas eintreten könnte, das zu verpassen schade wäre? Hätte ich ihn nur angerufen.

Auch ich lehne die Einladung der Nachbarin zu Kaffee und Kuchen ab. Ich will allein sein. Ich überquere die Straße, auf der Pauls Goggomobile fuhren, und genehmige mir im Selbstbedienungsrestaurant des Einkaufszentrums ein Gulasch mit Bier. An den Nebentischen der Klang des Wienerischen in seiner vulgären Proletenvariante, gedehnt, nasal, guttural, mit vielen Verkleinerungsformen, intim, immer auf der Kippe zum Du, zur übergriffigen Anbiederung, heimelig, vertraut. Wenn ich dieses Wienerisch höre, sehe ich das Foto des Mittelschülers vor mir: Das bloße Knie auf das Pflaster gestützt, wird er gezwungen, mit weißer Farbe «Jude» ans Schaufenster zu pinseln. Neben ihm Kinder, die zusehen, nicht bösartig, geifernd, hasserfüllt, nur angespannt neugierig. Rechts im Foto ein Mann mit weißen Stutzen, in kurzer Hose auch er – jetzt sind die Nazis endlich legal. Auf dem Kopf ein Hut mit Feder, der Bauch grotesk vorgewölbt. Er hat die Sache angeordnet, beaufsichtigt das Geschehen. Er spricht ein breites, ordinäres Wienerisch, es springt mich aus dem Foto an. Ich spüre, wie sich außerhalb des Bildrandes Menschen ansammeln: «Ah, da schau her, a Jud! Gö, da schaust, Bürscherl! Jetz is aus mit deine feinen Maniern. Hast garantiert no nie an Pinsl in der Hand g'habt. Jetz san mir dran!»

Ich bin hin und her gerissen zwischen diesen Gedanken und dem Wien, das ich liebe. Gestern blinzelten mich die barocken Schnörkel des Schloss Belvedere zwischen den grauen Häuserzeilen der Mommsengasse an. Im Café Sperl ließ ich mich in die weiche Sitzbank sinken, vor etlichen Jahren gründlich renoviert, doch mittlerweile ist der gemusterte Bezug wieder abgewetzt, die erwünschte Patina wieder da. Die Theke mit den Mehlspeisen: Topfentorte, Apfelstrudel, Sachertorte, Esterhazytorte, Kardinalschnitte, Linzertorte, Malakofftorte. Ich bestellte Eiernockerln mit Salat. Wieder das Klappern des Metalltabletts auf der Marmortischplatte, der Löffel, der vom Glas fällt. Immer legen sie den Kaffeelöffel quer über das Glas mit dem Leitungswasser. Stimmengewirr und Zeitungsgeraschel. Neben mir sprachen sie «reichsdeutsch», wie man in meiner Jugend noch sagte. Ich bin hier zu Hause und Touristin zugleich. Bin «Exilösterreicherin», lebe in «Deutschland draußen». Außerhalb der schützenden Hülle und fern der Gefahr.

«Hast du kein Heimweh?», werde ich immer wieder gefragt. Ich ziehe die Schultern hoch und blähe die Wangen, spitze den Mund und lasse die Luft langsam entweichen.

Gesättigt sitze ich wieder im leergeräumten Wohnzimmer, es ist Nacht geworden. Ich werde mir ein Taxi bestellen. Ein letztes Mal werde ich das altmodische Telefon mit der verdreckten Wählscheibe benutzen. Vorher werde ich den Hörer mit dem Taschentuch abwischen. Von einem sauberen, leise summenden Mercedes mit weichen Sitzen werde ich mich wegtragen lassen und niemals wiederkehren. Ich habe die Vorhänge nicht zugezogen, Paul ist ja nicht mehr da. Durch die schwarzen Fenster scheint der Mond abstoßend lebendig. Auch ihn würde ich am liebsten in einen Müllsack packen, fest zuschnüren und gleich vor dem Haus unterpflügen, bis von ihm nur noch Scherben übrig sind, nie wieder in der Lage, sich zu einer lachenden

Scheibe zusammenzufügen. Ich mache die Stehlampe aus. Ein Nachtfalter flattert durch den Raum, endlich erlöst von dem Licht, das ihn hinzog. Die Dunkelheit tut wohl.

Allmählich löst sich die Wut auf in ein Gefühl von Erleichterung. Die scharfe Stimme der Mutter wird die Luft nie mehr zerschneiden. Der Blick des Bruders wird mir nie mehr vorwerfen, das bessere Los gezogen zu haben. Nie mehr werde ich mich als Verräterin fühlen, weil ich der Familiengruft das Leben vorgezogen habe. Ich bin frei. Wenn in Zukunft morgens um zwei das Telefon klingelt, wird sich bloß einer verwählt haben.

Eine Uhr tickt, ich habe vergessen, sie einzupacken. Ich werde sie stehenlassen. Das Ticken hört sich an wie ein Getöse, viel lauter als mein Atem. Neben dem Nachtfalter ist es das einzig Lebendige hier.

Kurz darauf träume ich, Paul sei zurückgekommen und wohne schon die längste Zeit bei mir in Berlin. Da fällt mir ein, dass ich die Cousine noch nicht verständigt habe. Sie glaubt immer noch, er sei tot. Und es fällt mir ein, dass ich die Wiener Wohnung ausgeräumt habe. Ich streichle Paul die Wange und versuche, ihn von den Vorzügen des Weiterlebens zu überzeugen, er solle sich von der Cousine helfen lassen. Da wird er ganz unsicher: na ja, vielleicht. Jetzt lasse er erst einmal alles laufen, mit der Miete und so. Da fällt mir wieder ein, dass ich die Wohnung schon ausgeräumt habe und alle seine Bücher bei mir sind. Schau her, Paul, hier sind deine Bücher. Es ist gut so, sagt er, dann richte ich mir die Wohnung eben neu ein. Ja, bekräftige ich begeistert, du beginnst wieder von vorn. Wenn du dort allein lebst, ist es eine schöne Wohnung. Du wirst viel Platz haben. Die Cousine kann dir aber auch helfen, eine andere Gemeindewohnung zu finden, wenn dir das lieber ist. Ich werde drüber nachdenken, sagt er sanft.

Es ist ein zärtlicher Traum. Als ich aufwache, bin ich ganz ruhig.

Eines der Fotos, das ich an mich genommen habe, zeigt Mutter und Sohn am Grab des Vaters in Griechenland. «Ich wünsche, dort bestattet zu werden, wo mich der Tod trifft. Sollte ich also auf einer meiner Auslandsreisen sterben, wünsche ich, in dem jeweiligen Land bestattet zu werden.» So hatte er verfügt, so wurde es vollzogen.

Paul konnte nicht akzeptieren, dass der verschwundene Vater tatsächlich tot war, und wartete auf seine Rückkehr. Ein Begräbnis in Wien hätte es ihm wohl leichter gemacht. Ein volles Jahr verbot er der Mutter, am Zimmer des Vaters etwas zu ändern, obwohl sie, die im Wohnzimmer schlief, nicht erwarten konnte, es für sich in Besitz zu nehmen. Nichts durfte sie wegwerfen. Paul habe ich es zu verdanken, dass alle Ansichtskarten und Briefe von seinen Reisen erhalten geblieben sind. Auch wenn Paul seine Urlaube immer mit der Mutter verbrachte, liebte er den Vater sehr; er hatte niemand anderen zum Lieben als die Eltern. Einmal, als er noch Schüler war, fiel er vor ihm auf die Knie und küsste ihm die Hand. Nur in der maßlosen Übertreibung, ins

Komische gewendet, konnte er seine Gefühle ausdrücken. Ich lachte. Dem Vater war es unangenehm.

Ich habe lange gebraucht, um mich meinem Vater zu nähern. Er vergötterte seine hübsche und lernbegierige Tochter als Kind, mit der trotzigen Halbwüchsigen voller Komplexe kam er nicht zurecht. Als ich nach der Matura in eine Krise geriet und heulend durch die Wohnung lief, schreckte ihn das nur. Die jungen Männer, die ich ins Haus brachte, machten ihn unsicher, und mir war der früh gealterte Vater, der sein nachlassendes Gedächtnis mit Kreuzworträtseln zu retten versuchte, peinlich.

Mit nicht einmal sechzig ging er in Pension, doch der «wohlverdiente Ruhestand», nach dem er sich gesehnt hatte, tat ihm nicht gut. Sooft er konnte, entfloh er ins Ausland. Als ich ihn auf dem Weg zu seiner letzten Kreuzfahrt (Venedig – Korfu – Chios – Rhodos – Piräus – Venedig) zur Bahn brachte, wirkte er verwirrt, griff andauernd nach Pass und Fahrkarte. Ich war ungehalten, ungeduldig, wollte meinen Vater so schwach nicht sehen. Immerhin war ich die Letzte in der Familie, die ihn überhaupt gesehen hat. Ich hatte vor, gegen Ende des Monats nach Genf zu reisen, und mein Vater steckte mir noch die Adresse einer Freundin zu, die in der französischen Schweiz lebte. Ich spürte, dass sie eine besondere Frau für ihn war, und schickte ihr sofort nach seinem Tod ein Telegramm. Später lernte ich sie kennen.

Sie hieß Suzanne und war eine liebenswerte, elegante Erscheinung, Anfang fünfzig vielleicht. Sie nahm mich in ihrem Haus auf wie eine Tochter und spielte mir eine Kassette vor, die sie gemeinsam mit meinem Vater aufgenommen hatte. Worüber sie sich unterhielten, ist mir entfallen, ich erinnere mich nur, wie ich staunte über diesen Vater, der so anders war als der griesgrämige Alte in Hausschuhen und grauer Strickjacke, den wir in den letzten Jahren seines Lebens gekannt hatten. Er war charmant, witzig, aufgekratzt, vor allem aber lebendig.

In dem in einen Plastikbeutel gewickelten Päckchen mit ungeordneten Unterlagen, das ich aus der Schreibtischschublade meines Bruders genommen habe, finde ich den kleinen Taschenkalender des Vaters von 1964, in dem er so etwas wie Tagebuch geführt hat. Damals trug er keinen Ehering mehr. Eines Tages hatte er ihn einfach abgelegt. – Meine Mutter musste sich den Ehering irgendwann vom Finger schneiden lassen, so sehr waren ihre Hausfrauenhände im Lauf der Jahrzehnte angeschwollen.

In der dritten Woche seiner Urlaubsreise nach Jugoslawien, so steht es im Kalender, lernte mein Vater im Monat Mai in der südjugoslawischen Stadt Ulcinj Suzanne kennen, eine Dame aus der Nähe von Genf, kultiviert und sehr süß, wie er fand. Sie unternahmen lange Spaziergänge miteinander, schlenderten plaudernd die Steilküste entlang durch den Olivenhain und kletterten dann auf den Hügel, der einen atemberaubenden Ausblick bot. Doch mein Vater musste immerzu auf die zierliche Person an seiner Seite schauen, die sich wie ein Kind begeistern konnte. Ihr Lachen war ansteckend. Sie wurden beide von einer Leichtigkeit erfasst, von der sie noch nicht ahnten, dass es Liebe war. Dass sie in einer ähnlichen Familiensituation steckten, brachte sie einander näher, zwei kalte Ehen, an denen sie aus Loyalität festhielten. Zwei Tage später hatte mein Vater einen Sonnenstich und fiel für ein paar Minuten in Ohnmacht. Suzanne war bei ihm, um ihn in die Arme zu nehmen und sich Sorgen zu machen. Es war lange her, dass sich eine Frau Sorgen um ihn gemacht hatte. Beide erkrankten an Gastroenteritis, doch als sie kurz darauf nach Dubrovnik aufbrachen, waren sie wieder putzmunter. «Die Stadt hat Atmosphäre», begeisterte sich mein Vater in seinem Tagebuch. Das Parfüm von Suzanne mischte sich mit dem Duft der Bougainvillea, die ihnen die Sicht aufs Meer nahm, in dem kleinen französischen Restaurant, in das sie ihn einlud. Mein Vater revanchierte sich mit einheimischer Küche. Er konnte nicht genug bekommen von der warmherzigen Frau, deren Deutsch so bezaubernd französisch klang. Sie überschütteten einander mit Charme und Komplimenten.

«*Chéri, enlève ton slip, j'ai à te causer*», notierte er sich auf einen Zettel. «Chéri, zieh die Unterhose aus, ich muss mit dir reden.» Was für ein Geschenk ist ein solcher Satz im Alter von sechzig Jahren! Er schrieb ihn sich auf, um ihn nicht zu vergessen. Er war immer noch ein stattlicher Mann, wenn er auch mittlerweile einen Bauch hatte und falsche Zähne, die er nachts in einem Glas aufbewahrte. Sein schütter gewordenes Haar kämmte er wie schon in jungen Jahren mit Hilfe von Brillantine nach hinten, die Augenbrauen und die Haare in den Nasenlöchern stutzte er regelmäßig vor dem Badezimmerspiegel, ich habe ihm dabei oft zugeschaut.

Vierzehn Tage verbrachten mein Vater und Suzanne miteinander, stets in gesonderten Zimmern und doch ein unzertrennliches Paar. Der Abschied kam in Split. Wie geplant schiffte sich mein pflichtbewusster Vater nach Rijeka ein, trat von dort aus die Rückreise mit der Bahn an. Suzanne ließ er zurück, aufgewühlt.

«Mein bester Reisegefährte, meine andere Hälfte, ich suche dich überall», schrieb sie ihm noch am Tag des Abschieds. Mein Vater antwortete umgehend. «Wie viel Herzenswärme, Verständnis und Liebe sprechen aus deinen Worten», schrieb sie darauf und entschuldigte sich für die Banalität ihrer Briefe, deren Sprache nicht an die geschliffene Ausdrucksweise meines Vaters heranreichen würde. «Dieses herrliche Gefühl unserer Freundschaft, die Gewissheit, dass wir uns verstehen und uns alles anvertrauen können – es ist wunderbar», schwärmte sie. Gern hätte ich die Briefe meines Vaters gesehen, die so schön waren, dass die Empfängerin sie Abend für Abend immer wieder durchlas.

«Selektiv» erfuhr Suzannes Mann von ihrem Wiener Reisegefährten, und meine Mutter wohl auch von ihr. «Wir sind das unverheiratete Paar, das sich nicht scheiden lassen will», notierte sie für ihren Geliebten auf einer aus dem Taschenkalender gerissenen Seite. Wahrscheinlich kamen sie, weil sie nicht den Mut oder die Kraft hatten, sich den Schwierigkeiten zu stellen, überein, ihre Liebe zu einer Freundschaft werden zu lassen. «Sie ist der beste Freund, den ich je im Leben hatte», teilte mein Vater ein paar Jahre vor seinem Tod schriftlich mit und bat, Suzanne, wenn es so weit sei, von seinem Ableben in Kenntnis zu setzen. Der Zeitpunkt kam früher als erwartet, und ich glaube nicht, dass ich seine Notiz kannte, als ich ihr die Todesnachricht telegrafierte.

Wie oft sie einander in den zehn Jahren trafen? Außer Suzannes beiden Briefen, geschrieben nachdem sie in Split auseinandergegangen waren, habe ich keine weiteren gefunden. Ich weiß nur, dass sie einander in den beiden Jahren vor seinem Tod wiedersahen, jeweils um den Jahrestag ihrer Begegnung. Einmal besuchte er sie in Genf und musste wegen eines Anfalls akuter Herzschwäche ins Kantonsspital eingeliefert werden. Suzanne bezahlte die Rechnung und schrieb für meine Mutter den Krankheitsverlauf auf. Es gibt auch ein Foto von meinem Vater und Suzanne, einträchtig mit ihrem Mann. Das letzte Mal trafen sie einander bei katastrophalem Wetter im österreichischen Gmunden, wohin sie mit dem Auto angereist kam. Mein Vater reservierte in der Pension «Echo am See» zwei Zimmer mit Verbindungstür. Pflichtschuldig schickte er seine übliche englischsprachige Ansichtskarte an Frau und Sohn, unterzeichnet auch von Suzanne. «Ich denke mit viel Sympathie an euch», schrieb sie an den Rand. Zwei Monate später war mein Vater tot.

Ich verlor Suzanne nach einer einzigen Begegnung aus den Augen, hatte mit mir selbst zu tun. Erst ein

Vierteljahrhundert später, als mein Leben ruhiger wurde, schrieb ich ihr. Zu spät, der Brief kam als unzustellbar zurück.

Der zweite Sommer nach Pauls Verschwinden ist bald vorüber. Der Mann meiner Cousine hat die schwarzen Müllsäcke aus der Wiener Wohnung abgeholt und entsorgt. Die Beiladung mit den Büchern ist in Berlin angekommen, der Tischler hat mir ein neues Bücherregal gebaut. Ich habe die Bücher alphabetisch geordnet. Dokumente, die Korrespondenz der Eltern, Ansichtskarten aus Urlauben, die Geburtstags- und Weihnachtswünsche von Mutter und Sohn sind in einem Karton verstaut. Von den zwei Filmen, die zu entwickeln Paul mich beauftragt hat, liegen Abzüge vor. Es sind die letzten uninteressanten Urlaubsfotos der beiden und Aufnahmen der Mutter aus der Zeit, bevor sie ins Spital kam und auf ein neues Medikament umgestellt wurde. Sie sieht grauenhaft aus, aufgequollen, mit blutigen Krusten und lila Flecken an den Beinen vom Cortison. Am schrecklichsten aber ist ihr leerer, verwaschener Blick. Mitleidheischend schaut sie in die Kamera, ihr aufgedunsener Bauch in eine Decke gehüllt.

Immer und immer wieder lege ich die alten Fotos daneben: das Maturabild aus Warschau in der weißen Leinenjacke, das Haar zum Bubikopf gestutzt, die Welle in einem kühnen Schwung tief über die rechte Augenbraue gekämmt, die Augen dunkel und ernst, der Mund trotzig. Zehn Jahre später mit meinem feschen Vater in Wien, das Handtäschchen um den rechten Arm gehängt, auf dem Kopf ein knappsitzendes Hütchen, um die Schultern eine schwarze Pelzstola, hochhackige Riemchensandalen an den Füßen. Sie lächelt mädchenhaft glücklich. Ich kann keinen Zusammenhang zwischen den Fotos erkennen. Was hat sie mit sich angestellt, um so zu enden? Es war ein gescheitertes Leben, hat sie gesagt, und daran wollte sie glauben, man kann es an ihren Augen ablesen.

Vielleicht hat sie in hellen Momenten auch geahnt, was sie im Begriff war, Paul anzutun. Es kann ihr nicht gleichgültig gewesen sein, dass sie ihren Sohn in den Tod mitnehmen würde. Das zumindest möchte ich glauben, das Grauen wäre sonst zu groß.

ENDE AUGUST, ich bin gerade in Los Angeles, erreicht mich eine E-Mail meiner Cousine mit dem Betreff: «Nachricht von Paul». Mein Herz stockt. Obwohl ich es besser weiß, schießt mir für einen Augenblick eine wilde Hoffnung durch den Kopf. Nachricht von meinem Bruder: Er hat sich abgesetzt und meldet sich endlich, hat eingesehen, dass es nicht nett von ihm war, seine Schwester so lange im Ungewissen zu lassen. Auf geheimnisvollen Wegen ist er ohne Geld und Pass irgendwohin entschwebt, lässt mir nun, mehr als anderthalb Jahre später, gnädig eine Nachricht zukommen.

Ich habe mir immer wieder Geschichten ausgemalt,

wie er im letzten Augenblick von seinem Vorhaben abgerückt ist. Es kam einfach etwas dazwischen, das ihn ablenkte.

Etwa so: Es war die Nacht des Absprungs, eigentlich erst später Nachmittag, aber schon stockfinster. Die Straßen menschenleer, keiner, der nicht musste, ging bei dem eisigen Wetter vors Haus. Dazu der Schnee, der sich am Straßenrand in schmutzigen Haufen türmte. Die Leute klagten, dass sie keinen Parkplatz fanden. Paul war bereit, hatte alles geregelt, niemand sollte ihm nachsagen, er habe Unordnung hinterlassen. Alle Schubladen hatte er in Augenschein genommen, zurück bleiben sollte nur Unpersönliches, nichts, wonach man sich ein Bild von ihm machen konnte: Kugelschreiber, Radiergummi, Bleistiftspitzer, Notizzettel, unbenützte Zeichenblocks.

Seine Zeichnungen konnten bleiben, niemand würde sie enträtseln können, wegwerfen musste er nur alle schriftlichen Äußerungen, die zu unangemessenen Schlussfolgerungen verleiten könnten. Vor allem seine Schwester. Sie würde angereist kommen und in seinen Sachen schnüffeln, würde lesen, was er geschrieben hatte, und sich eine Meinung bilden, die er nicht mehr beeinflussen konnte. Wie er sie einschätzte, würde sie diese Meinung auch noch aufschreiben, so flink war sie immer mit dem Festhalten, Wiedergeben, eine Eigenschaft, die er zutiefst verabscheute. Seine Meinung war niemals gefestigt genug, als dass er sie aufschreiben konnte. Was er schrieb, waren bloß Aperçus, flüchtig hingeworfene, nicht zu Ende gedachte Gedankenfragmente. Fragen. Seine Schwester hatte keine Fragen, sie wusste immer gleich Bescheid. Vor allem über ihn.

Es war kalt in der Wohnung, das Heizöl war ausgegangen, er hatte keins mehr nachbestellt. Einmal klingelte das Telefon, widerwärtig lange stach es in die gruftartige Stille der Wohnung. Seit Tagen hatte er nicht mehr gesprochen. Er erstarrte, hielt den Atem an, als ob der Anrufer ihn sehen könnte, seinen Verrat am Kommunikationsmittel Telefon. Als er alles hergerichtet hatte, schloss er die Wohnungstür hinter sich ab und trat vors Haus. Sein Atem breitete sich vor seinem Gesicht aus, ein Dampfhauch.

Eine karminrote Feder im matschigen Schnee war es, eine Feder von geradezu überirdischer Leuchtkraft. Er konnte nicht anders, musste sich bücken, sie aufheben und an die Nase führen, als wäre sie eine Blume. Und während er sich bückte, sah er dieses Frauenbein. Die halb von einer Säule verdeckte Frau saß mit übereinandergeschlagenen Beinen auf einer Bank. Was für eine Verrückte, dachte er, wie konnte sie bei diesem Wetter in so dünnen Strümpfen und hochhackigen Schuhen auf die Straße gehen! Sie könnte auf dem Eis ausrutschen und sich etwas antun. Noch nie in seinem Leben hatte er eine Frau angesprochen. Ausgerechnet an diesem Tag dieser unerklärliche Mut!

«Gehört die Feder Ihnen?»

Sie antwortete nicht, sah ihn aus wasserblauen Augen fragend an. Dann streckte sie ihm die Hand entgegen …

Aber so ist es nicht gewesen. Meine Cousine schreibt mir, dass Pauls Leiche in einem Wildschweingehege im Wienerwald gefunden worden sei, keine Leiche im eigentlichen Sinn, lose Knochen nur und ein vom Körper abgetrennter Kopf, den Abhang hinuntergerollt, vielleicht angestoßen von einer neugierigen Tierschnauze. Beständiger als sein Fleisch hätten sich erwiesen: eine rote Thermoskanne, die früher Tee mit Rum enthalten habe, zwei Mineralwasserflaschen, eine leere Medikamentenschachtel, der lila Rucksack, der graue Anorak, seine Brille, sogar eine Wanderkarte und ein Hundertschillingschein seien noch zu erkennen gewesen.

Den grauen Anorak habe er auch damals getragen, erinnert sich die Cousine, als sie ihn das letzte Mal sah: Nach dem Tod der Mutter war Paul noch ein einziges Mal im Pensionistenwohnheim vorbeigekommen, um eine fällige Summe zu begleichen. Er kam gerade aus dem Aufzug, da stöckelte sie ihm mit einem Trupp Besucher entgegen.

«Paul, warte auf mich, in drei Minuten bin ich bei dir.»

Er schaute sie entsetzt an und drückte sich wie ein gesuchter Verbrecher in eine Ecke. Als meine Cousine sich nach kurzer Zeit ihrer Besucher entledigt hatte, war Paul verschwunden.

Wieder stülpt sich eine Haube von Stille über mich. Ich starre auf die Worte meiner Cousine. Eine Todesnachricht per E-Mail, sie hätte mich wenigstens anrufen können. In den vergangenen anderthalb Jahren habe ich es vermieden, über Pauls mögliche Todesart nachzudenken, ich fürchtete, erst damit würde das Schreckliche zur Gewissheit. Nun habe ich Gewissheit, und die Leute werden mich nicht mehr mit Geschichten von Männern nerven, die nur Zigaretten holen gingen und nicht wiederkehrten. Nach Jahren fand man sie mit einer Blondine am Arm in Guatemala. Das spurlose Verschwinden eines Menschen regt die Phantasie an.

Also erfroren. Nicht erschossen, wie er in einer seiner Zeichnungen phantasiert hat. Ein kahlköpfiger Mann mit zwei Händen, deren Zeigefinger sich zu Pistolenläufen verlängern. Mit dem rechten durchbohrt der Mann seinen Kopf an der Schläfe, der Lauf schaut an der anderen Kopfseite heraus. Der linke Pistolenfinger deutet auf die Brust. Der Mann ist vollkommen gelassen, sein Arm steckt in verspielt gemusterten Ärmelteilen, mit Feder und Tusche kunstvoll ausgearbeitet. Auch nicht erhängt wie auf einer seiner wenigen naturalistischen Bleistiftzeichnungen, ein splitternackter, dünner Mann vor einem Rundbogenfenster, mit heraushängender Zunge, eine Schlinge aus Stoff um den Hals, der Schemel unter seinen Füßen weggestoßen. Er wählte auch nicht die besonders grausame Todesart des mit mehreren Orden behängten Mannes, der um seinen Kopf einen Schraubstock anbringen ließ. Den hat er ebenfalls gezeichnet.

Also erfroren. Ein sanfter Tod, sagen alle. Man schläft einfach ein, insbesondere wenn man vorher Schlafmittel und Alkohol zu sich nimmt. Im Internet finde ich Angaben über den physiologischen Prozess: Wenn die Körpertemperatur auf 35 bis 32 Grad absinkt, setzt bei klarem Bewusstsein ein starkes Kältezittern ein, begleitet von Angstgefühlen. Das hat Paul wahrscheinlich noch bewusst erlebt. Selbst wenn der Kopf sterben will, klammert sich der Körper ans Leben, die Angst ist ein biologischer Reflex. In letzter Minute erwacht eine «Zärtlichkeit zu etwas, das doch abzuschaffen man im Begriffe steht», schreibt Jean Améry, der es, als er diese Zeilen verfasste, selbst noch nicht wissen konnte. Sinkt die Körpertemperatur bis auf 28 Grad ab, trübt sich das Bewusstsein, und das Kältezittern hört auf. Der Körper wird kraftlos. Zwischen 28 und 24 Grad verliert der Mensch das Bewusstsein, die Frequenz der Atmung und des Herzschlags sinkt, ebenso der Blutdruck. Bei einer Körpertemperatur von bis zu etwa 15 Grad sind Herzschlag und Atmung nur noch schwach vorhanden, Muskeln und Gelenke erstarren, der Totenstarre zum Verwechseln ähnlich. Bei unter 15 Grad ist die Herzmuskulatur so weit abgekühlt, dass der Herzstillstand eintritt.

Es hat bestimmt zwanzig Minuten gedauert, bis die Schlaftabletten wirkten, dann hat er den Rest nicht mehr gespürt. Das ist lang, eine Kugel in den Kopf wäre schneller gewesen. «Der Tod ist kein Problem. Aber das Sterben», schrieb Sándor Márai, als er sich auf seinen Abgang vorbereitete. Sicher hat Paul noch einmal geweint. Auch wenn er sich seit Jahrzehnten mit dem Sterben beschäftigt hat, kann es ihm nicht leichtgefallen sein, Abschied zu nehmen von der Welt. Bestimmt dachte er an die Mutter, an ihr gemeinsames Leben, im Urlaub hatten sie es schön gehabt miteinander, warm war es an der Ägäis, die fremden Leute, die sie dort kennenlernten, unterhielten sich gern mit dem interessanten Paar, im Urlaub waren sie so lebendig.

Den Schreibblock, in dem nur zwei Sätze stehen, hat er nicht weggeworfen. Die zweite Eintragung fasst sein Leben zusammen: «Ein Bewusstsein, in welchem Veränderung nur über den Tod denkbar und vorstellbar wird: Dabei wird der Akt der Tötung zur einzig möglichen konstruktiven Handlung, deren verändernde Kraft sie freilich allein dem Umstand verdankt, dass sie die letzte, sich selbst aufhebende ist.»

Es war vollkommen still im verschneiten Wald, einen einsameren Ort hätte er sich fürs Sterben nicht aussuchen können. Es kam ihm gelegen, dass die Mutter im Winter starb. Ohne die Kälte, nur mit Schlafmitteln, hätte es länger gedauert. Vielleicht fühlte sich die Kälte vor dem Einschlafen wie Wärme an, vielleicht wärmte ihn auch der Stolz auf seinen Mut, «dem Ursprung jeder Angst, der Todesangst, die Stirn zu bieten», wie Améry schreibt. «Wem ständig ein *échec* droht, dem wird der Freitod zum Versprechen», einer von Amérys Sätzen, der wie kein anderer auf Paul passt. Die Angst vor dem *échec*, vor dem Scheitern, war seine ständige Begleiterin gewesen. Erst als er sich selbst nichts mehr abverlangte, konnte er einigermaßen gelassen weiterleben. Bis er, wie Améry, den richtigen Augenblick gekommen sah: «Das schmetternde Nein zum schmetternden, zerschmetternden *échec* des Daseins.»

Kann man sich aufs Sterben vorbereiten? Pauls Kopf hatte seinen bewussten Tod durchdacht und sich durchgesetzt. Am Ende hat der Geist über das Fleisch gesiegt, nicht anders als zu seinen Lebzeiten. Der Tod, an den zu denken die meisten Menschen fast bis zum letzten Atemzug vermeiden, war ihm jahrzehntelang ein vertrauter Gefährte. Aber er war keineswegs depressiv, in Gesellschaft war er sogar ausgelassen, beobachtete die Menschen um sich herum mit feiner Ironie und konnte später unterhaltende Anekdoten über sie erzählen. Etwa über seinen Zimmergenossen an der psychiatrischen Abteilung des Allgemeinen Krankenhauses, in die man ihn nach seinem misslungenen Anlauf einlieferte. Die sogenannte Antriebsschwäche dieses jungen Mannes ging so weit, dass er sich von der Krankenschwester füttern ließ. Paul stellte lachend Überlegungen über dessen Zukunftsperspektive an. Das hat mir mein Cousin erzählt.

Als ich Paul damals an einem strahlenden Augusttag besuchte, kam er mir langsam schlurfenden Schrittes entgegen, mit Psychopharmaka vollgestopft, und verwies ironisch auf seinen zombiehaften Zustand. Seiner Umnebelung war es zu verdanken, dass er so offen wie selten von sich sprach. Wie ein Verliebter erzählte er von den wunderbaren blauen Augen seiner Therapeutin, die ihn im Krankenhaus besucht hatte. Die Therapie, die ich ihm eingeredet hatte, hatte sich als Fiasko erwiesen. Er überforderte die junge Frau mit seiner Intellektualität, beschrieb ihr in geschliffenem Deutsch sein Lebensproblem als Unfähigkeit, sich auszudrücken, was sie angesichts seiner unverkennbaren Sprachgewalt nicht nachvollziehen konnte. Dieser Kontakt, der erste Kontakt mit einer nicht zur Verwandtschaft gehörenden Frau, gab ihm erst die Kraft, den Anlauf in den Tod zu wagen. Die Therapeutin war schockiert.

Der Spitalsaufenthalt erschien Paul unnötig, eine Strafe für unangepasstes Verhalten. Er benahm sich dort wie ein Gast, ein staunender Beobachter der Vorgänge um sich herum, die mit ihm selbst nichts zu tun hatten. Er hielt sich für gesund. Er sah sich nur seines freien Willens beraubt, denn das Recht auf Selbsttötung war Teil seiner Lebensphilosophie. Er mochte zwar an Kant und Benjamin gescheitert sein, aber der Grundfrage der Philosophie – ob das Leben sich lohne oder nicht – stellte er sich mit größerer persönlicher Konsequenz als die meisten der von ihm bewunderten Philosophen. Das Leben war für ihn nur erträglich, weil er die Freiheit hatte, das Ende selbst zu bestimmen, eine innere Freiheit, ein Ausgleich zu den Zumutungen des Alltags. Angepasst wie er gleichzeitig war, voller Angst, es jemandem nicht recht zu machen, blieb er volle sechs Wochen in der Klinik, bis sie ihn entließen. Die Einzel- und Gruppengespräche ließ er widerwillig über sich ergehen, eine Folgetherapie lehnte er ab. «Suizidgefährdet» war er vorläufig nicht, von nun an würde er weiterleben, solang die Mutter ihn brauchte. Sie schenkte ihm noch zwei Jahrzehnte.

Mit seiner Selbsttötung befindet sich Paul in guter

Gesellschaft: Paul Celan, Jean Améry, Primo Levi, Sylvia Plath, Ernest Hemingway, Heinrich von Kleist, Walter Benjamin, Virginia Woolf, Sándor Márai, Sarah Kane, Klaus Mann, Cesare Pavese, Stefan Zweig, Georg Trakl, Kurt Tucholsky, Inge Müller, Malcolm Lowry, Karoline von Günderode. Er hat sie alle studiert, ihre Bücher stehen nun in meinem neuangefertigten Regal.

«Es wäre zu wünschen, dass alle diejenigen, die sich entschließen, aus dem Leben zu scheiden, schriftlich ihre Gründe nebst einem Wort über ihre philosophische Anschauung hinterlassen würden; das wäre durchaus nicht ohne Vorteil für die Lebenden und die Geschichte des menschlichen Geistes.» Schrieb Voltaire. Hätte Paul doch seinen Rat befolgt. Er nahm sich aber nicht für wichtig genug, die Geschichte des menschlichen Geistes zu bereichern, und die Lebenden waren ihm egal. Er hatte sich so tief in seine Einsamkeit zurückgezogen, dass ihm der Gedanke gar nicht kam, es könne sich jemand um ihn sorgen. Und ausgerechnet ich habe nichts unternommen, um ihn da herauszuholen. Er forderte und erwartete nichts, weder vom Leben noch von den Menschen. Einzig der Gedanke an den Tod konnte in ihm eine Erregung auslösen, eine seinen Lebensekel überwindende Energie, «deren verändernde Kraft sie freilich allein dem Umstand verdankt, dass sie die letzte, sich selbst aufhebende ist».

Zur Identifikation des Individuums, das sich der Polizei als Knochenbündel darbietet, wird der Zahnarzt zu Rate gezogen. Er ist es, der anhand des von der Kriminalabteilung erstellten Zahnschemas Paul eindeutig erkennt, erfahre ich von meiner Cousine. Er hat seine schlechten Zähne behandelt, für weniger Honorar als ihm zustand, Paul hatte ja keine Krankenversicherung. Niemand konnte ihn dazu überreden, sich versichern zu lassen, solchem Ansinnen trat er mit dem immer gleichen Satz entgegen: «Ich werde nicht alt.» Die Mutter nahm seine Weigerung ergeben hin, obwohl sie, sollte Paul etwa einen Unfall haben, ihre sorgsam verwaltete Witwenpension hätte plündern müssen. Er blieb für sie ein unartiges Kind, dem sie nicht beikommen konnte. Seinen Aufenthalt in der Psychiatrie deckte zu ihrem Glück noch eine Studentenversicherung.

Auch Paul selbst betrachtete sich als Kind. Es war traurig für mich, zuzusehen, wie er älter wurde, sein Haar ergraute, er einen Bauch ansetzte (denn wie ein Kind liebte er Torten), die Lippen immer schmaler wurden und seine Bewegungen steifer. Die Bewegungen eines Mannes, dessen Haut nie von einer liebenden Hand berührt wurde. Das Kind in ihm aber weigerte sich hartnäckig, erwachsen zu werden, für sich selbst Verantwortung zu übernehmen. Er sah keinen Sinn darin, seinen Widerwillen vor der Anstrengung des Seins zu überwinden, er hatte sein Lebensziel früh festgelegt: Leben, um zu sterben.

Manchmal, wenn mich materielle Sorgen plagten, war ich wütend, neidete ihm sein bequemes Leben an den Rockschößen der Mutter. Und ich wollte sie zwingen, ihn aus purer Mutterliebe dazu zu bringen, sich auf eigene Beine zu stellen. «Ich kann ihn doch nicht aus dem Haus werfen.» Mehr hatte sie dazu nicht zu sagen. Irgendwann gab ich es auf, mich weiter zu kümmern.

Die Mail meiner Cousine erreicht mich in einem Zustand großer Verwirrung. Ich habe in Los Angeles Steve wiedergesehen.

Steve aus Kalifornien war vor vierzig Jahren in Wien mein Freund, der erste Mann, mit dem ich ins Bett stieg, umstands- und mühelos, als hätte mein Körper auf ihn allein gewartet. Steve ist Jude, für mich war das damals eine Nebensächlichkeit. Er war groß und schlaksig, seine schmalen Füße steckten in weißen Tennisschuhen, seine Haare waren pechschwarz, die Augen über der großen Nase dunkel und glänzend.

Bis heute ziehe ich dünne Männer vor. Von ihnen geht keine körperliche Bedrohung aus. Als Kind waren die Fotos der Leichen aus den Konzentrationslagern die einzigen nackten Menschen, die wir zu Gesicht bekamen. Ich konnte mich der erotischen Anziehung, die sie damals auf mich ausübten, nicht erwehren.

«Hello from Steve», hat er mir gemailt, keine drei Tage nach meiner Ankunft in L. A. Vielleicht war ihm einfach langweilig und mein Name drängte sich, wie es in unserem Alter manchmal vorkommt, in den Vordergrund seiner umherschweifenden Gedanken. Auch ich schrieb ihm einmal vor Jahren, hatte, einer unbestimmten Eingebung folgend, im Internet-Telefonbuch der USA die Mailadresse aufgestöbert, seine Antwort war damals knapp und unpersönlich. Gewiss wähnte er mich in Wien oder Berlin, als er mir jetzt schrieb, konnte nicht ahnen, wie nah ich ihm war. Aber er lief nicht davon.

Wir telefonierten und tauschten Mails aus, ehe wir uns trafen. Bei jedem Telefongespräch spürte ich deutlicher die zitternde Unruhe, dasselbe blinde Vertrauen wie früher.

Die Schwangerschaft, damals, war ein Schock gewesen, der Abbruch Anfang der sechziger Jahre in Österreich noch illegal und teuer, die Begleitumstände unangenehm, der lautaufgedrehte Fernseher im Nebenzimmer, die Benommenheit durch den Äther, das schmerzhafte Ziehen im Unterleib. Niemand brachte mich hin, niemand holte mich ab. Der Arzt kam später wegen Drogenhandels ins Gefängnis. Steve schickte einen Scheck und bat darum, ihm die Einzelheiten zu ersparen. Als wir uns jetzt in L. A. treffen, beginnt er gleich davon zu sprechen, ich dagegen merke, dass ich gar nicht mehr daran gedacht habe.

Ein Wiedersehen mit Steve nach vierzig Jahren. Über seinen Haaren und Brauen ein Grauschleier, das schwarze Licht in den Augen erloschen, sein Leib unentschieden, ob missgelaunter Jugendlicher oder Greis, die Schultern gebeugt, die Arme spindeldürr. Doch dieselben Hände wie damals, dieselben Füße, feingliedrige Finger umfassen das Lenkrad, lange Zehen schauen unter dem zu kurzen Betttuch hervor. Dieselbe heisere Stimme mit dem verlegenen Lächeln, das weder ja sagt noch nein, ich kann mir die Antwort aussuchen. Damals und heute wieder. Ich empfinde dieselbe Lust an seinem körperlosen Körper, dieselbe selbstverständliche Unschuld. Neu legt sich über alt.

Das Telefon klingelt. *Honey*, sagt er zu seiner Tochter, drei Töchter hat er. Was für ein süßes Wort, möge er doch auch zu mir *Honey* sagen. «*I said hey, honey, take a walk on the wild side.*» Die englische Sprache ist wie geschaffen für die Liebe. *Sweetheart, Darling, Baby, Honey.*

Meine Gefühle lassen sich nicht entwirren. Ist der Sprung im Herzen neu oder alt? Seine Jeansjacke aus den siebziger Jahren, heute eine Antiquität, Leute auf der Straße sprechen ihn an, wollen wissen, wo er sie herhat. Neu ist seine Müdigkeit, die Mattigkeit der schlaksigen Bewegungen von damals grotesk übersteigert. Ein Knäuel Erschöpfung in einem billigen Hotelzimmer in Los Angeles. Seine Leidenschaft: Kreuzworträtsel. Ich schaue ihm beim Schlafen zu wie einem kranken Kind, möchte ihn beschützen und retten, bin gerührt von der Größe meiner Gefühle.

Seit Jahren leidet er an einer Depression, geht adrett gekleidet in Anzug und Krawatte ins Büro, doch abends heimgekehrt, wird er zum Zombie, isst, was er gerade vorfindet, sitzt stundenlang vor der Glotze, geht nicht ans Telefon. Seit Jahren ist er zum ersten Mal mit einer Frau zusammen. Ich bilde mir etwas darauf ein, sage mir, seine Mail *out of the blue* sei kein Zufall gewesen. Ich bin vollkommen durcheinander. *I love you. I love you. I love you.* Ich kann es nicht oft genug wiederholen, laut und deutlich und mitten in einem russischen Restaurant in Santa Monica. Das Gespräch fließt, wir unterhalten uns über unsere Familien, über Politik, über den Irak, über Bush und Israel. Dass er Jude ist, heute ist es für mich von überragender Bedeutung. Wir sind in allem einer Meinung. Plötzlich ist da ein Grauen, wenn ich an Deutschland denke, ich möchte bei ihm bleiben, in den USA, beim Amerikaner, beim Juden, beim Vater meines nie geborenen Kindes. Ich sage Sätze wie «In Deutschland habe ich immerzu Angst» und weiß nicht, woher sie kommen. Ich bin im wahrsten Sinne außer mir.

Am Flughafen tätschelt er meine Schulter, ich komme mir vor wie sein Hund. Das sei ein Kompliment, sagt er. Seit der Trennung von seiner Frau fehle ihm nur noch sein Hund.

Nach der Abtreibung damals bewarb ich mich um ein Stipendium in die Vereinigten Staaten. Die CIA fand heraus, dass meine Mutter für die polnische Botschaft dolmetschte, und schnüffelte bei den Nachbarn. Auch dass ich an Ostermärschen gegen die Atombombe teilnahm, war ihnen bekannt. Ich bekam das Stipendium nicht, obwohl ich beim Interview unter den Besten war. Damals träumte ich davon, mir in Amerika weiße Tennisschuhe zu kaufen, solche, wie Steve sie trug. Erst jetzt habe ich es nachgeholt. Die Turnschuhe, die ich in Santa Monica erstand, haben ein fluoreszierendes «USA» an den Fersen. Als ich wieder in Berlin bin, stelle ich fest, dass weiße Turnschuhe derselben Marke in meinem Schrank stehen. Nur das «USA» an der Ferse fehlt.

Die Amerikaner beenden Telefongespräche mit «I

love you», worauf die Person am anderen Ende «*I love you, too*» antwortet. Es hat nichts zu bedeuten. Als ich Steve, zurück in Europa, am Telefon ein europäisches «*I love you*» hinterherwerfe, sagt er «*thank you*».

Nachdem die Gerichtsmedizin das Skelett freigegeben hat, wird meine Cousine aufgefordert, das Begräbnis unverzüglich in die Wege zu leiten. Sie bittet um Aufschub, die Schwester des Verstorbenen sei noch nicht in Wien. Man verweist sie auf die geltenden Hygienevorschriften, nach denen ein Begräbnis innerhalb von vierzehn Tagen stattzufinden habe. Meine Cousine macht darauf aufmerksam, dass die gefundenen Knochen durch den langen Aufenthalt in der freien Natur wohl kaum mehr gesundheitlichen Schaden anrichten könnten, das leuchtet den Zuständigen ein. Dann wird sie aufgefordert, einen Anzug zu bringen. «Können Sie mir sagen, wie man einem Skelett einen Anzug anzieht?» Auch diesbezüglich zeigt man Einsicht und begnügt sich mit einem Leintuch.

Sobald ich in Wien bin, werden Pauls Knochen eingeäschert. Mühsam mit den aramäischen Worten ringend, sage ich das Kaddisch und halte die im Krematorium des Wiener Zentralfriedhofs versammelten Verwandten und Freunde dazu an, «Amen» zu sagen.

«Ist sie jetzt religiös geworden?», flüstert einer meiner Verflossenen einer gemeinsamen Freundin besorgt ins Ohr. Sie kann ihn beruhigen. Es handle sich nur um einen Versuch, an die jüdische Tradition anzuknüpfen, dazu müsse man nicht gläubig sein. – Streng genommen ist es vielleicht nicht viel mehr als Ethno-Kitsch. Trotzdem: Es war mir ein Bedürfnis.

Danach sitzen wir, wie es bei den Christen Brauch ist, im Gasthaus zusammen und essen Würstel mit Senf. Ich habe Fotokopien von Pauls Zeichnungen vorbereitet und gebe sie den Trauergästen als Andenken mit. Den Zahnarzt habe ich eingeladen, er ist nicht erschienen. Die Nachbarin entschuldigt sich, dass sie wegen einer Erkrankung nicht kommen kann, und schreibt mir tröstende Worte: «Sein Verhalten seiner Mutter gegenüber war vorbildlich. Er war ein guter Sohn.»

Die Urne wird im Grab der österreichischen Familie beigesetzt. Auf dem Grabstein war noch Platz für die Namen von Vater und Mutter. Ich habe einen Davidstern eingravieren lassen, für Paul und für die Mutter, deren sterbliche Überreste im Ehrengrab der Gemeinde Wien beigesetzt sind. Dort trägt der Marmorstein mit der Inschrift einen Christuskopf aus Bronze. Ich fotografiere das Familiengrab und maile die Bilder an die australischen und kanadischen Verwandten. Jetzt hat alles seine Ordnung.

An einem feucht-grauen Novembertag steige ich an der Oper in die Badnerbahn. Jetzt will ich auch noch Pauls eigentliche letzte Ruhestätte finden, im Wienerwald. Von Baden bei Wien, einem Kurort aus der Kaiserzeit mit Schwefelthermalquelle, Casino, Golfplatz und markierten Wegen, wandere ich bis zur Jägerhütte. Hier führt eine Forststraße links hinauf in den Wald. Die Bäume tragen ihre letzten gelbbraunen Blätter, unter meinen Füßen raschelt das Laub. Es ist fast so ruhig wie in Treblinka. Links und rechts vom Weg erheben sich steile Felswände. Es ist sehr schön hier.

Irgendwo, nachdem er die Felsen hinter sich ließ, ist er im Schnee vom Weg abgewichen und hat sich eine geeignete Stelle im Wald gesucht, an der er sicher war, bis zum Eintritt des Todes nicht gefunden zu werden. Da er eine Wanderkarte bei sich hatte, ist anzunehmen, dass er sich die Stelle schon vorher überlegt hat.

Vor meinem Ausflug habe ich mit dem Revierinspektor telefoniert, der mir den Weg wies. Obwohl Selbstmorde aller Art in Wien keine Seltenheit sind und zur fraglichen Zeit mehrere Männer mit Pauls Allerweltsnamen spurlos verschwunden waren, erinnert er sich, ohne in den Akten nachzusehen, dass ein Jäger Pauls «skelettierte Schädelteile» am besagten Tag um 9.30 Uhr an einer Fütterungsstelle auf einer Waldlichtung fand, wahrscheinlich von einem Tier verschleppt. Der Jäger verständigte die Polizei. Pauls Armbanduhr zeigte immer noch die richtige Uhrzeit, wundert sich der Revierinspektor. An jenem Tag, erinnert er sich weiter, nahmen die sechs Leichenspürhunde Österreichs in seinem Revier an einem Fortbildungskurs teil, was in den nächsten hundert Jahren wohl nicht mehr vorkommen werde. Sozusagen als Prüfungsaufgabe wurden sie gezielt auf das Aufspüren von Pauls restlichen Skelettteilen angesetzt.

Der Vater in der Ferne begraben, die Mutter in einem «Massengrab», das Sterben des Bruders so einsam, dass man ihn anderthalb Jahre lang nicht gefunden hat.

Der Beiwagen der Straßenbahn, in den der Vater stieg. Die Missachtung der Mutter für ihre eigene Kunstfertigkeit. Paul und seine Vorliebe für die Tarnkappe. Aber auch ohne sie war er unsichtbar, seine dezente Kleidung, die gedämpfte Stimme, das freundliche Lächeln. Sein Problem sei seine anscheinende Normalität gewesen, sagt mein Cousin. Wo er auch war, er habe sich angepasst wie ein Chamäleon. Nur ich will gesehen werden. Ein Geltungsdrang, die Angst vor der Auslöschung. Bisweilen phantasiere ich aber doch wieder von einer schwarzen Burka.

NACH BERLIN zurückgekehrt, krame ich in dem Karton mit den Familienunterlagen. Anhand von Mutters Wandkalender mit dem Blumenmuster (was ist nur aus ihrem Geschmack geworden?) vollziehe ich die äußeren Umstände der letzten anderthalb Jahre von Mutter und Sohn nach. Einlieferung ins Spital, Entlassung aus dem Spital, Einlieferung ins Spital, Entlassung aus dem Spital. Dazwischen diverse Termine und Ereignisse, die Paul, wenn erledigt, mit einem Häkchen versah: Arztbesuch, Frisörtermin, Fußpflege, Wäscherei, meine Ankunft, meine Abreise, Asthmaanfall, Mutter gestürzt, Mutters Geburtstag. An einem bestimmten Tag bestellte Paul Heizöl, eine Aufgabe, die früher immer die Mutter erledigte. Er musste telefonieren. Auf einem Zettel notierte er, was zu sagen war, wie ich, wenn ich in Polen zur Post gehe, und unterstrich die wichtigen Wörter: «Ich möchte Heizöl bestellen! Und zwar mit Tankwagen und Pumpe für den 1. Stock! Etwa 180 Liter! Wann können Sie kommen?» Selbst seinen eigenen Namen und die Adresse schrieb er auf, damit er sich in der Aufregung nicht verhaspelte.

Der vierte Jänner des neuen Jahrs ist mit einem Kreuz versehen: «Circa 18 Uhr Mutter gestorben.» Ab nun hat auch die Stunde meines Bruders geschlagen. Aber noch gilt es, die Liste abzuarbeiten, die ich ihm bei meinem letzten Besuch in die Hand gedrückt habe. Er geht jeden einzelnen Punkt durch, als wolle er sein künftiges Leben regeln. Legt eine eigene Liste der zu erledigenden Anrufe und Wege an, hakt sie Stück für Stück ab. Er meldet der städtischen Wohnhausverwaltung persönlich den Tod der Hauptmieterin, veranlasst die Mietrechtsfortsetzung für sich selbst, die Hausinspektion kategorisiert die Wohnung, er meldet Telefon, Fernsehen und Strom auf seinen Namen um, löst das Girokonto der Mutter auf, benachrichtigt die Pensionsversicherungsanstalt und die Krankenkasse. Seine Betriebsamkeit verleitet meine Cousine zu der Annahme, der Tod der Mutter habe in ihm eine unerwartete Energie freigesetzt. Als sie mit ihm und dem Cousin einen Ausflug unternimmt, gibt sich Paul gelöst und fast fröhlich. Nur die Sozialhilfeabteilung, die ihm ein materielles Weiterleben ermöglicht hätte, hat er nicht aufgesucht.

Das gemeinsame Leben von Mutter und Sohn finde ich noch einmal in ihren Geburtstags- und Weihnachtswünschen gespiegelt, Dutzende von Grußkarten, die sie sich von einem Zimmer ins andere schickten, die Mutter kitschige Billetts mit stets dem gleichen stereotypen Text. In den Kuverts steckte vermutlich Geld. Manchmal zeichnete sie auf, was sie ihm kaufen wollte, eine Hose, einen Mantel, ein Hemd. Mein Bruder schnitt seine Grußkarten, die er bestimmt in Büchergeschenke legte, aus weißem Karton aus, gerade groß genug für seine sorgfältig in Blockbuchstaben geschriebenen und mit kleinen Vignetten versehenen Wünsche: Meiner lieben Mutter alles Gute zum Geburtstag, zum neuen Jahr, zum Muttertag. Es ist, als sei keine Zeit verstrichen seit seinen Volksschuljahren, als er ihr von Veilchen umrahmt schrieb: «Deine Zukunft, Mütterlein, sei voll Glück und Sonnenschein!»

Mir selbst hat er einmal eine seltsam schöne Grußkarte gezeichnet: ein Männertorso im Anzug mit Prothesen als Arme und an der Stelle des Kopfes ein mit einer gemusterten Schleife verschnürtes Paket, aus dem seitlich zwei Tannenzweige mit Kerzen wachsen.

Über eine gedichtete Karte an die Mutter kann ich nur den Kopf schütteln: «Liebste Mutter / 74-mal schon Weihnachten gefeiert / Da ist das ‹Fest› ganz sicher ausgeleiert / Drum wünsch ich dir ohne Fest-Getue / Gelassenes Glück und innere Ruhe / Ist auch beschämend winzig meine Gabe / So hoff ich doch, dass sie dich seelisch labe! / (Dies ist der erste Teil / Ein zweiter folgt nach kurzer Weil / Mich trifft keine Schuld / Hab ein wenig Geduld.)»

Gelassenes Glück und innere Ruhe! Was er sich

dabei wohl dachte? Wieder kehre ich in Gedanken in die Kindheit zurück. Ich erinnere mich an die Wut, die mich als Teenager zu Weihnachten befiel. Das Fest-Getue und die Heuchelei waren mir unerträglich. Zutiefst deprimiert strich ich in der Vorweihnachtszeit durch die beleuchteten Geschäftsstraßen Wiens und labte mich an meiner eigenen Verzweiflung.

Die fünfziger Jahre mit ihrer politischen Dumpfheit, das ganze ehemalige Nazivolk nur am Geldverdienen interessiert, die Kleinbürgerlichkeit meiner eigenen Familie und eine Mutter, die das Land, in dem wir lebten, samt seiner Menschen hasste.

Schön war damals nur, der Mutter bei der Arbeit am Christbaumschmuck zuzuschauen. Wir waren wohl die einzige Familie in Österreich, die Eier am Baum hängen hatte, ausgeblasen, mit Gesichtern bemalt und mit Woll- und Stoffresten angezogen. Sorgfältig in Seidenpapier eingewickelt, wurden sie in einer Schuhschachtel aufbewahrt, und jedes Jahr kamen neue dazu. Kinderköpfe aus aller Welt, kaffeebraune mit gekräuseltem schwarzem Haar aus aufgetrennten Strickresten, schneeweiße aus dem hohen Norden mit pelzverbrämter Kapuze und von der Kälte geröteten Backen, elegante mit langen Wimpern, einem Schönheitsfleck auf der Wange und rotem Schmollmund, gelbliche mit schrägen schwarzen Augen und schnurgeraden Stirnfransen. Selig schauten wir der Mutter zu, wie sie in die braune Wolle einen Scheitel nähte, mit ihrem Lippenstift die Wangen rötete, mit Wasserfarben Augen und Münder malte und aus den Stoffresten Kopfbedeckungen zauberte. Und sie ließ uns mitmachen, ging auf unsere Kommentare und Wünsche ein. Was kann man sich als Kind Schöneres wünschen?

Schön an Weihnachten war auch, dass ich neue Bücher geschenkt bekam. Ich setzte mich in eine Ecke auf den Teppich und blieb unansprechbar, bis ich sie ausgelesen hatte. Bedauerlicherweise schenkten mir meine Eltern am liebsten russische Literatur. Meine Leitbilder und meine Vorstellungen von der Liebe wurden von den unglücklichen Frauenfiguren Dostojewskis und Tolstois geprägt. Auch nach der Lektüre von Hemingways «Wem die Stunde schlägt» machte ich mich in meinen Träumen nicht etwa zur Spanienkämpferin, sondern nur zur Geliebten eines Spanienkämpfers.

Als schüchternes, unglückliches Geschöpf träumte ich von der Erlösung durch die Liebe. Doch einen Freund zu haben wie manche meiner Mitschülerinnen war mir unvorstellbar. Nur im Urlaub konnte ich mich in einen Kroaten mit schwarzen Locken und langen Wimpern verlieben. Er schickte mir Liebesgedichte von Heine und gepresste Blumen, ich verzehrte mich. Auch wenn sie wollten, konnten meine Eltern nichts gegen meine Einsamkeit tun, sie hatten selbst kaum Freunde, schon gar keine mit Kindern. Ich war auf mich allein gestellt, und so ist es geblieben.

Dennoch gibt es Fotos, auf denen ich vergesse, eine tragische Pose einzunehmen. Auf einem laufe ich mit Paul im Wäldchen am Rand unserer Siedlung auf die Kamera zu, jugendprall, das schulterlange Haar im Wind, die ärmellose Bluse eng um die schmale Taille, der gezogene Rock bauschig dank mehrerer Lagen Petticoats aus Perlon, unter denen der Schweiß die Schenkel entlangrann. (Ich verglich meine Taillenmaße regelmäßig mit jenen von Gina Lollobrigida.) Paul an meiner Hand ist ein Kind in kurzer Hose mit dünnen Armen und Beinen. Ich hatte meinen Bruder gern, und wir verbrachten viel Zeit miteinander. Wenn meine Eltern sich stritten, machte ich mir Sorgen um die Seele des Kleinen.

Damals hatte meine Mutter noch zwei Kinder, einen Sohn und eine traurige Puppentochter, für die sie ohne Unterlass anmutige Kleider schneiderte. Fünfzehn Jahre später, als mein Vater starb, vergaß sie, bei Gericht meine Adresse anzugeben. Die gerichtliche Mitteilung über die Verlassenschaft des Vaters ging an meine Geburtsadresse nach England, kam zurück, und meine Mutter wurde von Amts wegen aufgefordert, binnen acht Tagen die richtige Anschrift ihrer Tochter bekanntzugeben. Ich kann mich aber nicht entsinnen, etwas von meinem Vater geerbt zu haben.

In den Nächten Erinnerungen. Die ebenerdige Wohnung unseres ersten Jahrs in Wien stockfinster, Paul und ich allein, die Eltern ausgegangen, ein Klopfen am Fenster, wir augenblicklich hellwach, Paul steht in seinem Gitterbett, die Augen geweitet, ich presse den Finger an die Lippen, das Klopfen hört nicht auf, wir halten den Atem an. Das Furnier an der Zimmerkredenz in meinem Zimmer, die verschlungenen Muster kreisen ohne Ausgang, wenn man die Klappe öffnet, geht das Licht an, das Innere ausgekleidet mit grünem Glas. Pauls Schreie hinter der Kabinetttür, das klatschende Geräusch des Teppichprackers, ich sitze im Nebenzimmer und rühre mich nicht. Das Blut am Arm der Mutter, der Vater auf Knien, das Fenster der Balkontür in Scherben. Wie ich das vergangene Wochenende verbracht habe, soll ich in der Schule erzählen, mir fällt nichts ein, mein Kopf in weiße Stille getaucht, der Lehrer brüllt, lässt die Mutter rufen, das Kind wolle nicht reden. Geburtstage mit Orangenmarmelade und Tee, *custard* und *jelly*, rot und grün, Paul und die Cousine streiten ums Rot, das Sofa bricht unter ihnen zusammen, der Onkel macht es wieder ganz. In Sizilien im Rücksitz mit dem Italiener, vorne die Mutter neben dem Fahrer, der Italiener küsst mich. Also bitte! Die Stimme der Mutter schneidend. Ich mit dem Italiener am Strand, sein Glied schlüpft aus der Badehose, angeschwollen und rot wie eine Knackwurst, erschrocken laufe ich ins Meer, traue mich nicht zurück. In der Abendsonne mit Steve an der Adria, das Wasser lauwarm und seicht, mit geschlossenen Augen waten wir auf den roten Ball zu, immer weiter hinaus, es will nicht tief werden, ich stoße an eine tote Möwe. Mein Körper und der meines Freundes voller Blut, unter der Dusche waschen wir es ab. Blut am Kinn meines Bruders, seine Angst und die Angst des Onkels. Mein hilfloser Schrei in die Telefonmuschel, hör zu, hör mir endlich zu. Mir ekelt vor dir, der Zettel der Mutter an meinem Bett, im Morgengrauen nach einer auswärts verbrachten Nacht. Manche Frauen brauchen ES, ich brauche ES nicht. *Kookaburra sits on the old gum tree,/ Merry, merry king of the bush is he./Laugh Kookaburra laugh,/Gay your life must be.* Die Schwäche nach der Abtreibung, es regnet, der Arzt opfert seinen Schirm, Paul hilft mir das Bett machen, auch er ein Mann, jeder könnte mir das antun. Keine Mutter. Die Ohrfeige hinter geschlossenem Fenster, die Hand auf meinem Mund, nachher Tee, ich verweigere den Händedruck, das immerhin. Eine Frau, die nicht will, kann nicht vergewaltigt werden, sagt mein Freund, ein anderer, ich hätte es ihm nicht erzählen sollen. Keine Mutter. Ich heule, mein Freund, wieder ein anderer, liest den «Spiegel», ich trinke Wodka aus der Flasche und knalle mit der Tür, es klingt wie ein Schuss, nachts besprühe ich sein Auto mit lila Farbe, das verschafft Erleichterung. Der Noch-Ehemann vor dem Cognac, die Augenlider geschwollen, der Blick glasig, sein Fett quillt über den Hosenbund, er schweigt und trinkt, eine Scheidung ohne Worte. Keine Mutter. Paul röchelt, ich spüre nichts. Am Telefon das Reisebüro, Ihr Vater ist in Chios verschieden, ich spüre nichts. Die Mutter will nicht mehr essen und trinken. Willst du sterben?, sie weiß es nicht recht. Die Mutter ist um circa achtzehn Uhr verstorben, ich spüre nichts. *There was a little girl/Who had a little curl,/Right in the middle of her forehead./When she was good,/She was very good indeed,/But when she was bad, she was horrid.* Mein Bruder weißgefroren an einen Baum gelehnt. *Humpty Dumpty sat on a wall./Humpty Dumpty had a great fall./All the king's horses and the king's men/Couldn't put Humpty together again.*

«Man ist zum Selbstmord nicht vorbereitet, sondern vorbestimmt, man ist ihm noch vor jeder Enttäuschung, vor jeder Erfahrung geweiht.» E. M. Cioran. Gilt das für Paul? Ich hätte es nicht verhindern können, trösten mich meine Freundinnen, wenn ich mir immer und immer wieder vorwerfe, ihn allein gelassen zu haben. Wahrscheinlich hätte ich es nicht verhindern können, mit absoluter Gewissheit weiß ich es nicht. «Ein unüberwindbarer Abgrund klafft zwischen dem, der um den Tod weiß, und dem, der für den Tod kein Empfinden hat», schreibt Cioran. So ist es zwischen uns gewesen, ein Abgrund, den wir nur ein einziges Mal, am Wiener Westbahnhof, überbrücken konnten, für ein paar Minuten.

Cioran ist eine Fundgrube für mein Verständnis von Paul. «Müßiggänger erfassen mehr von den Dingen als Geschäftige, dringen tiefer als diese in sie ein.» Mein Bruder war ein Müßiggänger, ein «Zuschauer der in Zuckungen sich windenden Menschheit», der «Gemeinschaft der Lebenden, die sich des Wartens befleißigen, die keuchenden Atems warten auf etwas, das nicht der Tod sei». Ich wage die müßige Frage, was zuerst war, Pauls Philosophie oder Pauls Scheitern. Für Cioran schöpft der Gescheiterte seine Freiheit aus der Fülle des Nichtvollbrachten, «am Ende eines Lebens ohne Titel und Würden trägt er – als Trost – seine Nutzlosigkeit wie eine Krone».

Ich finde das Testament meines Vaters. Seine Sparbucheinlagen vermachte er zu gleichen Teilen seinen beiden Kindern. Ich kann mich, wie gesagt, nicht erinnern, etwas davon bekommen zu haben, aber vielleicht habe ich zugunsten von Paul verzichtet, es ist lange her. Die Bücher des Vaters sollte Paul erben, dem es anheimgestellt war, diese mit mir und der Mutter zu teilen. Die Wohnung und deren Einrichtung gingen in ihrer Gesamtheit an seine Frau, deren Verpflichtung es sei, «den Kindern im Notfall helfend beizuspringen». Es gab kläglich wenig zu vererben, aber immerhin hat mein Vater an seine beiden Kinder gedacht.

Von der Mutter finde ich drei letztwillige Verfügungen. Die maschinschriftliche, ihr von offizieller Seite zur Unterschrift vorgelegte bezieht sich auf ihren Wunsch, ihren Körper dem Anatomischen Institut zur Verfügung zu stellen. Darin erklärt sie, dass ihre Angehörigen mit dieser letztwilligen Verfügung einverstanden sind. Ich wurde nie gefragt.

In zwei handschriftlichen Testamenten hinterlässt die Mutter ihren gesamten Besitz ihrem Sohn, in der späteren Fassung, zehn Jahre vor ihrem Tod, fügt sie hinzu: «Mit Dank für seine überaus interessante, intellektuelle Fürsorge, die mir mein einsames Alter vergnüglich gestaltete.» Ihr zweites Kind findet keine Erwähnung.

Es ist, als hätte es mich nie gegeben.

Friedrich Christian Delius
Bildnis der Mutter als junge Frau

Rom, an einem strahlend sonnigen Tag im Januar 1943:
Eine junge Deutsche, die kurz vor der Geburt ihres ersten
Kindes steht, begibt sich auf einen Spaziergang in der ihr
fremden Stadt. Ihr geliebter Mann ist an die afrikanische
Front versetzt worden, der Zeitpunkt seiner Rückkehr
ungewiss ...

In dieser opulent sinnlichen Erzählung greift Friedrich
Christian Delius seine eigene Familiengeschichte auf.
Die junge Frau, die mit offenen Augen, bangem Herzen
und nicht nachlassender Hoffnung durch die Ewige Stadt
geht, ist seine Mutter.

*«Friedrich Christian Delius hat der Stimme seiner Mutter
einen großen Gesang gegeben.»*
Andreas Nentwich im «Spiegel»

*«Eine wundervolle Erzählung ... ein makelloses, klassisch
modernes Stück Prosa.»*
Gustav Seibt, «Süddeutsche Zeitung»

128 Seiten, gebunden
ISBN 978-3-87134-556-2

Rowohlt · Berlin